趣赏冬奥系列丛书

丛书主编　张新萍　杨占武

趣赏冬奥

雪上项目

主　编　杨　茜

副主编　田　靓

中山大學出版社
SUN YAT-SEN UNIVERSITY PRESS
·广州·

图书在版编目（CIP）数据

趣赏冬奥：雪上项目／杨茜主编；田靓副主编．—广州：中山大学出版社，2021.12

（趣赏冬奥系列丛书／张新萍，杨占武主编）

ISBN 978-7-306-05282-7

Ⅰ．①趣…　Ⅱ．①杨…②田…　Ⅲ．①冬季奥运会—体育项目—基本知识②冰上运动—基本知识　Ⅳ．①G811.212 ②G863.1

中国版本图书馆 CIP 数据核字（2021）第 255694 号

QU SHANG DONG-AO：XUE SHANG XIANGMU

出 版 人：王天琪
责任编辑：叶　枫
封面设计：曾　斌
版式设计：曾　斌
责任校对：周昌华
责任技编：靳晓虹
出版发行：中山大学出版社
电　　话：编辑部 020-84110283，84113349，84111997，84110779，84110776
　　　　　发行部 020-84111998，84111981，84111160
地　　址：广州市新港西路 135 号
邮　　编：510275　　传　　真：020-84036565
网　　址：http://www.zsup.com.cn　E-mail：zdcbs@mail.sysu.edu.cn
印 刷 者：佛山市浩文彩色印刷有限公司
规　　格：880mm×1230mm　1/32　5 印张　91 千字
版次印次：2021 年 12 月第 1 版　2021 年 12 月第 1 次印刷
定　　价：36.00 元

“趣赏冬奥系列丛书”
总　序

冬季运动项目是人类竞技运动的一个巨大旁支，它比常规运动项目略迟成为世界性的活动。夏季奥运会到目前为止已经举办了32届，而在北京、张家口即将举行的冬季奥运会（以下简称“冬奥会”）为第24届，即是证明。

冬季运动项目发源于北半球的高寒地带，它由冰雪上的交通、劳动方式演变而成。它是利用冬季的自然条件或人造条件，运用特殊的装备、器具或玩具开展的，以竞速、比美、斗智为主要内容。它与冰雪艺术、冰雪休闲、冰雪探险等共同组成世界冰雪文化。

冰上运动在平面上进行，分为竞速、竞美、竞智等几类。竞速又分长道、短道，短道弯道多、曲率大，因此弯道技术与能力成为重要的制胜因素。竞美类有花样滑冰与冰上舞蹈等，其在音乐伴奏下，展现了一种超体育、超艺术的文化门类。冰壶是近年兴起的、集体力与智力于一身的斗智斗技活动。冰球是竞技运动中行速最快、争斗最激烈的一个运动项目，也是球类运动中唯一使用黑色硬质板状体作为“球”的运动项目。

雪上运动多在坡道上进行，运动员先用徒步或缆车的方法积蓄势能，然后从高处沿坡道滑下，或竞速度，或竞高度，或竞长度，或竞难度，名目繁多，花样百出。雪上项目有高山滑雪、越野滑雪、跳台滑雪、北欧两项、自由式（花样）滑雪、单板滑雪以及冬季两项，滑行项目有雪车、钢架雪车、雪橇。

冰雪运动是以冰与雪为摩擦媒质的体育运动项目的总称，它的特点与冰、雪密切相关。冰与雪是水在0 ℃以下低温时的两种主要固态物质，水在结成冰后表面会光洁平滑，冰层雪层具有一定的强度，可承受人的体重压力。在冰雪上运动，其摩擦力大大减少，适于在其表面滑动。在滑动时，冰刀、雪板、雪橇产生的热能使冰面雪面产生融化水，微量的水减少了摩擦力，这就是冰雪不同于玻璃的地方，也是后者虽平滑光洁但却不能作为滑动媒质的原因。

滑动，是冰雪运动的主要行为特征。人类的走、跑、跳都伴随着身体的起伏，不断地做着类似抛物线的运动，微小起伏的是走，较大起伏的是跑，大幅起伏的是跳，而基本保持在同一平面的是滑。人们对滑行情有独钟，除了

滑冰、滑雪，还有滑水、滑沙、滑草、滑沼泽以及轮滑等许多种类。人们在滑行时其前庭分析器会受到特异的刺激，进而产生特别的兴奋感，可归为“眩晕运动”的感觉。人们喜欢追寻这种感觉，甚至会上瘾，这就是滑雪运动被称为“白色鸦片”的缘由。

在冰雪面上高速滑行对运动者的平衡能力要求很高，稍不留意就容易跌倒摔出，所以在对其平衡身体的技巧、全身肌肉的控制能力方面很有锻炼价值。冰雪运动又多在气温很低的高寒自然环境中进行，对人的耐寒、耐缺氧能力也有所考验，因此，冰雪运动对增强国民体质，特别是对青少年的身心健康有着独特的作用。这或许是很多国家重视冰雪运动，在学校体育教育中开展、在大众体育中发展的重要理由。

这套由张新萍、杨占武主编的“趣赏冬奥系列丛书”，共分为三册，详尽介绍了冰雪运动的全貌，是 2022 年北京冬奥会前普及冬季运动知识的好读物。张新萍系中山大学教授，硕士生导师，长期从事高校体育教学及管理工作，2001 年及 2017 年两次赴美国春田学院访学交流，曾担任 2008 年奥林匹克科学大会论文评审委员，是广东省高等学校“千百十工程”培养对象。杨占武系北京大学管理学博士，副研究员，中国人民大学人文奥运研究中心研究员，曾任国家短道速滑队领队，曾在北京冬奥申办委员会与北京冬奥组织委员会工作，参与了《北京冬奥组委工作人员简明读本》等著作的编写工作。这套丛书是他们在冰雪运动领域实践活动与理论研究的结晶。

这套丛书作为北京冬奥会的献礼之作是相称的，也是如作者所愿的。

卢元镇

写于北京宣颐容笑斋

2021 年 11 月 11 日

“趣赏冬奥系列丛书”
自　序

2015 年 7 月 31 日，在马来西亚吉隆坡举行的国际奥委会第 128 次全会，经投票决定，北京成为 2022 年冬奥会和冬残奥会举办城市，由此，北京也成为全球唯一一座既举办过夏季奥运会、又将举办冬奥会的“双奥之城”。

习近平总书记指出：“北京冬奥会是我国重要历史节点的重大标志性活动，是展现国家形象、促进国家发展、振奋民族精神的重要契机。”“要通过举办北京冬奥会、冬残奥会，推动我国冰雪运动跨越式发展，补缺项、强弱项，逐步解决竞技体育强、群众体育弱和‘夏强冬弱’‘冰强雪弱’的问题，推动新时代体育事业高质量发展。”

进入北京冬奥周期之后，中国举全国之力，汇集各方资源，紧锣密鼓地筹办冬奥会。习总书记强调：“办好北京冬奥会、冬残奥会是党和国家的一件大事，是我们对国际社会的庄严承诺，做好北京冬奥会、冬残奥会筹办工作使命光荣、意义重大。”

自 2019 年年底起，新冠肺炎疫情开始在全世界肆虐，至今仍未结束。尽管面临新冠肺炎疫情的挑战，中国仍在坚实履行申奥承诺。2021 年 10 月 18 日，北京冬奥会火种在希腊成功点燃，随后传送到北京；2021 年 10 月 26 日，北京冬奥会与冬残奥会奖牌“同心”发布；2022 年 1 月 27 日，冬奥村将正式开村，迎接来自世界各地的运动员；2022 年 2 月 2 日，将开展火炬传递活动，正式拉开北京冬奥会的序幕。万众期待、令人瞩目的北京冬奥会就要来了……

冬奥梦交汇着中国梦，北京冬奥会不仅是北京的冬奥会，更是全中国人民的冬奥会，冬奥竞技舞台具有凝心聚气的强大感召力。虽然广州地处南方，常年无冰雪，但我们也同样感受到举办冬奥的自信，期盼着冬奥，更希望能为冬奥的举办添砖加瓦，加油助力。

自北京冬奥会申办成功以来，广东省体育局深入贯彻落实国家冰雪运动“南展西扩东进”国家战略，因地制宜提升冰雪运动发展的质量和效益，通过强化冰雪运动组织建设，积极推动冰雪运动场馆建设，广泛开展大型冰雪体育活动、比赛，开展相关专业人员培训，试图有力带动更多南粤群众参与到冰雪运动中来。逐步形成政府引导、市场主导、社会协同的发展格局，力争将广东打造成冰雪

运动“南展”先行示范省，为国家冰雪运动发展、助力2022年北京冬奥会做出积极贡献。

与此同时，由孙中山先生手创，被誉为“南天一柱”的中山大学，因其先天具有的家国情怀和担当意识，其文管部与出版社深感有责任发挥高校人才优势来助力冬奥，以更高的使命感、更强的责任感以及更全面的能力为群众性冰雪运动的普及和冰雪文化的传播出一份力。

鉴于冰雪运动在我国尚不普及，很多人不具备欣赏冬奥比赛项目的常识，特组织北京冬奥会场馆管理专家和中山大学体育部教师一同编写了旨在普及冰雪运动项目知识、提高观众欣赏能力的“趣赏冬奥系列丛书”——《趣赏冬奥——冰上项目》《趣赏冬奥——雪上项目》和《趣赏冬奥——滑行项目》，体育部的部分研究生（吴子麟、李秀丽、罗郁哲、柴艺源、章扬欣、陈化珂）也参与了编写。

这三本书包括北京冬奥会设置的7个大项和15个分项的所有项目。为了便于读者学习使用，依据场地和项目特点，将15个分项归纳为三个类别——冰上项目、雪上项目和滑行项目。该丛书主要以问答形式，先设置了观众在观赏比赛时可能会产生的若干疑问，然后用浅显易懂的语言予以简明扼要地说明。解决了这些疑问，观众们就可以深度欣赏奥运赛事了。

该丛书还介绍了各项目的场地和规则等知识，不但能作为冰雪运动爱好者的参考手册，也可以作为中小学开展冬季奥林匹克运动教育的教材，为大力普及、广泛开展青少年冰雪运动奠定基础。

特别鸣谢中山大学出版社和体育部领导的鼎力支持与帮助，感谢出版社编辑王旭红、叶枫等老师严谨细致的审校。鉴于此丛书涉及专业知识点较多，编者水平有限，书中难免有疏漏不足之处，敬请广大读者赐教指正！

张新萍　杨占武

2021 年 11 月 10 日

本书序

雪上运动是具有悠久历史的冬季运动，目前被列为冬奥项目的有高山滑雪、越野滑雪、跳台滑雪、北欧两项、自由式滑雪、单板滑雪、冬季两项。

高山滑雪又称“阿尔卑斯滑雪”或“山地滑雪”，被誉为“冬奥会皇冠上的明珠”，是最具观赏性的冬奥项目之一。运动员以滑雪板、雪鞋、固定器和滑雪杖为主要工具，从山上沿着旗门设定的赛道滑下山。

越野滑雪又称北欧滑雪，并一直有着“雪上马拉松”的称号，借助滑雪工具，运用登山、滑降、转弯、滑行等基本技术，滑行于山丘雪原。

跳台滑雪简称“跳雪”，享有“雪上滑翔机”的美誉，是以滑雪板为工具，在专设的跳台上以自身的体重通过助滑坡而获得速度，比较跳跃距离长短和动作姿势优美的运动。

北欧两项也被称作是“男子汉的较量”，是唯一不设女子比赛的项目，由越野滑雪和跳台滑雪组成，又称“北欧全能”。

自由式滑雪也有人称它为“雪上蹦床”，是以滑雪板和滑雪杖为工具，在专门的滑雪场上，完成一系列的规定和自选动作的运动。

单板滑雪又有“冬季的冲浪运动”之称，运动员以一块滑雪板为工具，在规定的山坡线路上快速回转、滑降，或在特设的U型滑道内凭借滑坡起跳在空中完成各种高难度动作。

冬季两项也被喻为“雪地上的战争”，是一项将越野滑雪和射击两种特点不同的竞赛项目结合在一起的运动。

这本《趣赏冬奥——雪上项目》以普通冰雪爱好者的视角，提炼出冬奥会观赛时常见的一些问题，用浅显易懂的语言，介绍了雪上运动的历史起源、项目设置和规则等，为我国冰雪爱好者明明白白地欣赏冬奥提供了一本有趣又实用的“知识读本”。

第一编　高山滑雪

第二编　越野滑雪

第三编　跳台滑雪

第六编　单板滑雪

第七编　冬季两项

第一编 高山滑雪

ALPINE SKIING

高山滑雪将速度与技巧完美结合，尽显滑雪运动的精华和魅力。

一、什么是高山滑雪？

高山滑雪又称“阿尔卑斯滑雪”或“山地滑雪”，被誉为“冬奥会皇冠上的明珠”，是最具观赏性的冬奥项目之一，于1936年加米施－帕滕基兴冬奥会上首次被列为冬奥会正式比赛项目。运动员要以双滑雪板、雪鞋、固定器和滑雪杖为主要用具，从山上向山下滑行，途中须按规定线路穿过一定数量的旗门；沿着旗门设定的赛道，运动员在滑行过程中左右盘旋，一般呈“之”字形穿过旗门。该项目属于雪上竞速运动项目，因运动员穿双板滑行，也称为“双板高山滑雪”。

高山滑雪项目主要分为速度系列和技术系列。

速度系列：滑降（Downhill）、超级大回转（Super-G）。每名运动员只有一次滑行机会。滑降比赛赛道落差最大，距离也最长，最高滑行时速可达150公里以上。超级大回转项目由于旗门数较多，滑行速度则稍慢。

技术系列：大回转（Giant Slalom）、回转（Slalom）。名次按两次滑行的总成绩排列。大回转比赛距离是回转的两倍以上，对运动员的速度和技术都有要求。

高山滑雪还设有全能赛，参赛选手须先后完成滑降和回转比赛，以这两项比赛成绩相加决定名次，它考验的是选手的速度和技术两项综合能力。

二、高山滑雪对“高山”和“雪”有什么要求?

第一，对“高山”的要求。根据国际滑雪联合会（以下简称“国际雪联”）对该项目场地硬性要求，雪山的垂直落差必须达到 800 米以上，赛道长度不少于 3000 米。通常高山滑雪比赛均在海拔 1000 米以上的高山进行，男子赛场垂直落差为 800 米以上，而女子赛场为 450 米以上。至少有一条主要在自然山坡上修建的滑雪道，其面积大于 6000 平方米，有效长度不少于 100 米。

第二，对“雪”的要求。为了保证比赛中选手最高时速能达到 130 ～ 140 公里，国际雪联对雪道的硬度有严格要求——雪道表面必须保持结晶状态，近似于冰面，这种雪被称为“冰状雪”。

三、北京冬奥会高山滑雪有哪些分项?

北京冬奥会高山滑雪有男子项目、女子项目、混合项目。其中，男子项目和女子项目相同，均设有滑降、回转、大回转、超级大回转、全能5个小项；混合项目则是混合团体（Mixed Team）。

四、北京冬奥会高山滑雪场地

为办好2022年北京冬奥会，中国在北京延庆区海坨山区域兴建了国内首个符合冬奥会标准的高山滑雪比赛场馆——国家高山滑雪中心。国家高山滑雪中心共建设有7条赛道，赛道全长约10公里，最大垂直落差超过900米。国家高山滑雪中心的赛道是国内第一批符合冬奥会标准的高山滑雪赛道，也是目前世界上难度最大的比赛场地之一。2021年12月开始正式投入使用。

选场小花絮：为找雪道连续40余天登海坨山和玉渡山

2013年4月28日，国家体育总局冬季运动管理中心有关负责人到延庆考察，在看完海坨山、南猴顶、凤凰坨三个备选地后，将海坨山作为兴建高山滑雪赛场的首选对象。专家团里有位75岁名叫单兆鉴的老人，是1957年高山滑雪全国冠军。为了考察场地，他也坚持爬上海坨山。单老说他这辈子最大的心愿，就是中国也能举办冬奥会。他还说，经过考证，中国新疆的阿勒泰地区是人类滑雪运动的起源地，要是能在北京和张家口举办冬奥会，那就相当于滑雪运动又回到中国了。

2014 年，国际奥委会工作人员到海坨山考察，延庆区西大庄科村党支部决定组建几支以村里党员为主的志愿服务队和向导队。村党支部书记徐建喜等 7 名成员，连续 40 余天，每天徒步 10 余小时，从不同方向攀登海坨山和玉渡山 40 余次，最终从两米高的灌木丛中清理出多条登山道路。大家反复考察了海坨山各个方向的山形地貌，经过多次的登山和反复的筛选，场址最终锁定在了东南坡。这个“角度”既在高度、落差上满足条件，也可以设计出一条长 3000 米的滑雪赛道。国外建设高山滑雪场，一般是用直升机反复测绘 100 多次。可我国的专家团就靠着两条腿，在十分复杂的自然条件中，同样也拿出来了准确的数据，为国家节约了大量资金。

经过勘察、检测以及国际雪联工作人员的考察，海坨山作为正式的高山滑雪场地被确定下来。2015 年 7 月 31 日，北京成功获得了 2022 年冬奥会的举办权。西大庄科村后的海坨山也正式成为北京冬奥会高山滑雪项目举办地。

五、高山滑雪各分项小 PK

1. 速度

按照平均速度排列，滑降 > 超级大回转 > 大回转 > 回转。

其中，滑降最大速度可达 150 公里/时，超级大回转最大速度可达 110 公里/时。大回转、回转因旗门数量多、距离短，滑行速度相对较慢，在赛事中的欣赏点主要是运动员的弯道技术。

2. 旗门

按照旗门设置的数量排列：回转 > 大回转 > 超级大回转 > 滑降。高山滑雪运动员是沿着旗门设定的赛道滑下，因此旗门数与速度成反比。回转比赛的旗门数，男子比赛为 55 ～ 75 个，女子比赛为 45 ～ 65 个。

按照赛道旗门的密集程度来排列：滑降（稀疏） < 超级大回转（一般） < 大回转（密） < 回转（很密）。

滑降赛道弯道较少，滑行速度快，因此旗门主要用来标识特殊的地段（如危险地段坡度转换和颠簸地带、转变处以及运动员易于滑错方向的地段等）。超级大回转赛道设置旗门数至少为男子比赛 35 个、女子比赛 30 个。大回转赛道设置旗门数应为赛道高度差的 12% ～ 15% 。回转赛道设置旗门数为男子比赛55～75个、女子比赛45～60个。

3. 赛道

按照赛道的长度来排列：滑降 > 超级大回转 > 大回转 > 回转。按竞赛规定最长度来比较，依次是3400米、2200米、1400米、650米。

按照赛道的垂直落差来排列：滑降 > 超级大回转 > 大回转 > 回转。按竞赛规定，男子、女子比赛最大落差分别是：男子比赛，1100米 > 650米 > 450米 > 220米；女子比赛，800米 > 600米 > 400米 > 220米。

按照赛道的宽度来排列：滑降 = 超级大回转 = 大回转 < 回转。按竞赛规定，滑降、超级大回转和大回转赛道宽度不小于30米，而回转赛道宽度不小于40米。

六、高山滑雪比赛中的“旗门”阵

在高山滑雪比赛中，旗门（Gate）的作用是标出运动员在比赛中要经过的路线，也是我们通常说的“赛道”。滑降、超级大回转、大回转、回转都属于高山滑雪，人们就是通过设置不同旗门来划分成这些不同项目。

1. 比赛时运动员可以碰旗门吗？

运动员在比赛中穿过旗门时不仅可以碰旗门，而且即使把旗门碰倒都不算犯规，但如漏过一个旗门，运动员则会被判犯规，并因此取消成绩。

2. 旗门长什么样?

滑降、超级大回转、大回转一般用旗门，回转因其弯道多而只采用旗杆。旗门是由两根杆和一块旗门布组成，基本形式为水平布置的一对旗门，比赛时运动员从中穿过滑行。旗门的颜色一般为蓝色和红色。滑降赛道的旗门，男子比赛为红色，女子比赛为红色、蓝色交替；其他项目，无论是男子还是女子比赛，均为红色、蓝色交替。

3. 旗门的材料

旗门杆上半部分是类似塑料的有机材料，有弹性，而且弹性非常好，即便被运动员碰倒也不会轻易折断；贴近雪面的部分是塑料壳，里面是白色胶状柱体，弹性也非常好，使得整个旗门被撞后可以恢复原状；雪面以下部分比较硬，由于需要牢牢固定在雪地面下，故一般设计得比较长，这样才能保证旗门即使受到运动员高速的猛烈冲击依旧可以恢复到原有的位置。随着科技的发展，旗门布也多采用耐用的有机材质制成。

4. 旗门赛道的设置

大回转的赛道可以是双门，也可以是单门。单门时必须从旗门的外侧滑行通过才不算违规。

平行回转（包括平行大回转）最早是单板滑雪的项

目，而高山滑雪的混合团体项目也采用平行回转的比赛形式。其赛道也需要设置旗门，分别以红色和蓝色规定两名选手各自的滑行线路。运动员需要每次都从旗门外侧滑行通过才符合比赛规则，否则按照犯规处理，成绩无效。

高山滑雪回转赛道的旗门布置得非常密集，因此只有旗杆，没有旗门布，基本形式为水平布置的一对杆，选手可以从任何方向通过旗门。回转赛道的旗门设计有四种，分别是延迟门组合、H 门组合、Hairpin 螺旋门组合、Flush 蛇形门组合。

七、高山滑雪中的滑降可以有多快——堪比火车！

滑降，也称“速降”，顾名思义，速度是其标志。该项目要求运动员从山顶按规定线路穿过用旗门向下滑，是高山滑雪的速度类项目。赛道长 2000 米以上，坡度为5～35 度，平均为 20 度，从起点到终点的垂直落差，男子比赛赛道为 800～1000 米，女子比赛赛道为 500～700 米。赛道两旁要放置一定数量的旗门，旗门间距为 4～8 米，上、下旗门间距一般为 30 米左右。运动员只有一次滑行机会，根据滑行时间决定名次。技术动作有直滑降、斜滑降、乙形滑降、起伏地滑降、犁式和半犁式滑降等。身体姿势分为高、中、低三种。

如果是从笔直的雪道进行滑降，专业运动员的滑雪速度最大可以达到 150 英里/时[①]以上，约合 254 公里/时，平均速度也在 100 英里/时以上。大多数休闲滑雪者的速度在每小时 10～20 英里。而奥运会、世锦赛、世界杯滑降比赛的赛道是设有转弯的，因此速度相对没有那么快。目前，滑降项目正式比赛中的速度纪录为 100.6 英里/时（即 161 公里/时），由法国运动员约翰·克莱瑞（Johan Clarey）于 2013 年在世界杯系列赛瑞士站上创造。所以，用“滑雪列车”来形容滑降是非常贴切的，而这高速行驶的“列车”就是运动员本身。由此可以想象，速降也是危险系数较大的一个雪上项目。我国高山滑雪运动员张晓松就曾用“狂野、优雅”来形容滑降。

滑降这个项目要求运动员具备各方面的能力，如灵活性、力量等，而且专业运动员必须积累一定的“雪龄”后，才能去尝试。

出于安全考虑，在高山滑雪场地中，工作人员在运动员有可能撞到障碍物的地方设置了缓冲区，一般为安全网等防护设施。

---

① 1 英里 =1.6093 千米，全书同。

八、超级大回转、大回转、回转、平行回转都有什么区别？

单单看到这些项目名称是不是有点晕头转向的感觉，不了解高山滑雪项目的人可能还以为在说绕口令呢！

超级大回转，又称“超大曲道”，在1983—1984赛季高山滑雪世界杯系列赛中被首次列为官方比赛项目，直到1987年和1988年才先后被列入世界锦标赛和冬季奥运会正式比赛项目。在冬奥会上，超级大回转项目赛道通常设置在与滑降项目赛道相同的斜坡，但起点海拔较低。超级大回转、滑降都属于高山滑雪的速度系列，大回转、回转都属于高山滑雪的技术系列，因此，超级大回转的速度快于大回转和回转。每名运动员只比赛一次，用时最少者取胜。

大回转，也称“大回转滑雪障碍赛”，运动员要快速从山上向下沿线路连续转弯，穿越各种旗门。男子比赛赛道长度为1500～2000米，女子比赛赛道为1000米以上。男子比赛赛道标高差为300～400米，女子比赛赛道为250～350米。赛道坡度为15～32度，转弯设计速度为15～20米/秒。比赛前允许运动员从上往下察看线路，但不能着滑雪板从上往下模拟滑行。每名运动员均进行两次滑行，以两次成绩总和排列名次。第二轮滑行可在同一场地进行，但是旗门的布置必须重新设计，就是说两轮比赛赛道不能一样。

回转，也称“小回转障碍赛”，要求运动员从高山上滑下时不断穿过门形和障碍物，连续转弯高速下滑。赛道长度男子为600～700米，女子400～500米，坡度在30度以上的地段占比赛全程的1/4。起点和终点标高差男子比赛赛道为140～200米，女子比赛赛道为120～180米。男子比赛赛道上插有55～75个旗门，女子比赛赛道上插有45～60个旗门。比赛中运动员在高速转弯通过旗门时，需要两脚过门。碰倒旗杆不算犯规，漏门或骑杆过门会被判犯规并取消成绩。运动员比赛前可以从上向下察看线路，但不能着滑雪板从上向下模拟滑行或穿越门形。每名运动员要在两条线路上各滑一次，以两次成绩总和排列名次，但如第一轮滑行犯规，则不能滑第二轮。

平行回转（Parallel Slalom）原本属于单板滑雪中的一个项目，但是由于其一对一PK淘汰的比赛形式紧张刺激，深受大家欢迎，因此高山滑雪近年来也引进了该项目。平行回转赛道长度为400～700米，赛道落差在120～200米，一般设置18～25组旗门。平行回转是竞速类项目，比赛时两名选手在平行设置的赛道上同时出发，绕过赛道中的旗门向下滑降，率先冲过终点者为胜。北京冬奥会高山滑雪混合团体项目就是进行平行回转比赛：两支队伍各派两男两女分别进行较量，每场率先抵达终点的一方获胜，这意味着赢得三场比赛的一方可晋级到下一轮。如果出现两队各赢两场的情况，需将队内男子、女子选手中最好成绩相加，用时短的一方即成为胜者。

九、高山滑雪比赛中的装备都有哪些要求？

1. 高山滑雪板

高山滑雪板的材质及制作工艺都很复杂，其外形一般是两头宽、中间窄，雪板两端跷起，能有效防止滑行时雪板插入雪中。近年出现的“卡宾”板（Carving，俗称“大头板”）的外形就更是如此，这种外形设计就是为了便于转弯，特别是有利于小转弯。高山滑雪板的种类很多，通常可分为男板、女板，大众板、竞赛板，成人板、儿童板。比赛用的雪板按项目不同分为回转板、大回转板、超级大回转板、滑降板。由于功能及种类的不同，各种雪板的档次及价位差别很大。

2. 高山滑雪靴

高山滑雪靴，由内、外两层组成，俗称“内靴”“外靴”。内靴是用相对松软的材料制成，具有更好的保暖效果，同时也能够裹紧脚踝，起到良好的固定、缓冲等作用。外靴一般整体都很坚硬，具有良好的防水、抗碰撞性能，通常由塑料或 ABS 材质注塑而成一体，一般具有调节大小的作用，可更好地使滑雪者的脚与鞋固定成一个整体，便于滑雪者施力，并将作用力精确传导于滑雪板上。有的滑雪鞋通过调整相应装置，可使其穿着步行方便且更适合滑雪者的脚型。

3. 高山滑雪固定器

固定器除了具有将滑雪靴连接、固定在滑雪板上的作用，还有一个重要的作用就是当滑雪者出现意外时，能够及时使滑雪靴自动脱离雪板，保护滑雪者安全。高山滑雪固定器一般由金属材质制成。

4. 高山滑雪杖

高山滑雪杖是高山滑雪必备的工具。由于高山滑雪需要运动员做多次左右回转，在高速滑行过程中身体重心发生巨大变化时，高山滑雪杖能为运动员提供支撑、加速、维持平衡、引导转变（点杖）的作用。

杖杆通常设计成上粗下细，同时为防止运动员手握杆在高速滑行及转弯时从雪杖脱落，雪杆上端有 S 形手柄和握革；雪杆下端有杖尖，利于雪杖在硬雪撑插时稳定；为防止雪杖插入雪地过深，杖尖以上设计有圆形或雪花形的雪轮。雪杆一般由轻铝合金材料制成，有足够的硬度和弹性，不易折断。

不同小项所用滑雪杖的性能也有所不同。回转项目一般采用直杖，方便撞击旗门；滑降项目采用更符合人体曲线的弯曲滑雪杖，以减少风的阻力。

5. 高山滑雪服装

滑雪服分为专业竞赛服、大众滑雪服。通常的专用竞赛服为连体款式，注重轻便、防风，且多为定制，更加符合运动员的体型。大众滑雪服多为分体款式，注重保暖性、舒适性、实用性。

6. 高山滑雪手套

专用滑雪手套通常使用多种具有保暖功能的弹性材料制成。五指分开，掌心部位加缝耐磨层，达到防水、不沾雪、保暖、不妨碍手部动作的要求；腕口要较长及宽大，可松可紧，便于脱戴及套住滑雪服的袖口。

7. 滑雪帽与滑雪头带

滑雪帽或头带的作用是防止运动员耳部冻伤，使头部热量不会过度流失，同时防止头发在滑行中纷乱遮住视线。滑雪帽与滑雪头带是由毛绒线编织而成，舒适、保暖、有弹性，便于汗气挥发。如果运动员戴有帽檐的帽子滑雪，必须用条带将帽子固定在头上，但在进行中速或快速滑行时，不建议戴这种款式的帽子。

8. 滑雪头盔

滑雪头盔是由硬质材质注塑而成的，款式有多种。头盔的作用是当滑雪者失控跌倒后，保护其头部不致被雪面或其他物体撞伤。在参加滑雪比赛快速滑行或在树林中穿行时，运动员必须戴滑雪头盔。

9. **滑雪镜**

滑雪镜分为高山镜、跳台镜、越野镜、自由镜等。由于雪地上阳光反射得很厉害，加上滑行中冷风对眼睛的伤害很大，滑雪者需要佩戴滑雪镜来保护自己的眼睛。

高山镜主要是为高山滑雪运动员和爱好者设计的，可适应严寒环境，适应强光、强紫外线。一般来说，高山镜和人的面部贴合得更为紧密，镜片一般是球面镜。使用高山镜的要求有四个：一是能够防止冷风对眼睛的刺激，二是能防止紫外线对眼睛的灼伤，三是镜面不能起雾气，四是跌倒后滑雪镜不应对运动员的脸部造成伤害。

十、捕捉高山滑雪比赛精彩瞬间

滑降比赛时，电视转播商为完美捕捉到运动员快速通过的画面，一般至少需要 14 ～ 20 台摄像机进行拍摄，冬奥会比赛的转播则常常会设有 35 ～ 40 台摄像机。动作重放系统的设置，通常情况下，高山滑雪项目的制作计划至少要使用 3 台 EVS 慢动作视频服务器，其中两台为标准模式运行，第 3 台 EVS 以超级慢动作模式运行。

音频器材必须配备能适应户外恶劣天气的麦克风，并对麦克风采取适当的防雨雪和防风保护措施，确保其在寒冷极端天气下也能正常传输运动员的现场声效。

十一、“保障高山滑雪　集智造利器”——高山滑雪的雪务工作

占金牌总数70%的雪上项目是北京冬奥会的“重头戏”。冬奥会赛事用雪保障技术必不可少，其关键技术体现在造雪、储雪、铺雪、雪质监测预报及相关补救措施等一系列雪务工作上。中国气象科学研究院联合山东师范大学、黑龙江省亚布力体育训练基地、河北省气候中心和中国科学院西北生态环境资源研究院通过实地考察以及一系列实验研究攻克了多个难关。

高山滑雪对雪道硬度有严苛要求，雪道表面必须保持结晶状态，近似于冰面，因而被称为“冰状雪道”。高山滑雪的滑降、超级大回转、大回转、回转等11个项目的比赛都要用到冰状雪赛道。冰状雪赛道的制作过程十分复杂，要经历基础制作、静置、压雪、犁雪、注水等过程。每个过程的起始时间、气候条件，机械设备的使用方法，以及是否注水、注水孔径大小和水压等外在条件，都会对最终制成冰状雪赛道的质量产生重大影响。

注水是冰状雪赛道制作的关键技术，科研人员通过野外科学试验助力攻关。2020年11月—2021年3月，项目组科研人员携带仪器设备，在河北省崇礼云顶滑雪公园、黑龙江省亚布力体育训练基地雪场、北京市延庆区国家高山滑雪中心，开展不同气候条件下冰状雪赛道的注水试验。通过这些科学试验，项目组初步掌握了在不同天气下赛道制作和维持的技术要点，为2022年北京冬奥会的雪务保障工作积累了宝贵经验。

我国科研人员为北京冬奥会高山滑雪项目提供技术保障，同时推动我国雪务工作与国际全面接轨，并致力于实现后奥运时代我国冰雪产业“南展西扩东进”的战略目标。

十二、5G + AI 硬核新科技服务冬奥——追上时速150公里高山滑雪速降选手

国家广电总局广电科研院产业规划研究所与北京理工大学、云转播公司、体奥动力公司等单位合作研发的高速运动目标跟踪拍摄系统，将实现对冬奥会场景中高速运动目标的无人化全局搜索、自动捕捉与智能跟踪拍摄。该技术控制系统能快速锁定拍摄目标，并实现自动跟踪拍摄。其构建的智能拍摄与云转播系统包括高速目标跟踪拍摄、5G信号回传、云上导播制作以及沉浸式观赛的“采编播”全流程端到端系统。

该系统提供两套“神器”——“摄影神器”和“导

播神器”，在高山滑降比赛中，它们可以完美地将运动员以150公里/时的高速滑行的画面呈现给观众。除支持高清、4K节目导播切换外，该系统还支持自由视角节目的导播切换，观众能通过手机等移动端实现观看视角的自由转换。另外，借助面向手机等移动终端用户的“超级现场”App，观众还能享受到多视角、三维声、VR等沉浸式观赛体验。以三维声交互体验为例，用户只需通过菜单进行交互操作，就能实现多种不同解说语言的自主切换。

上述新应用深度融合了5G、云计算、AI等新一代信息技术。在后冬奥时代，它们也将持续为各类垂直领域的视听应用提供更便捷、更轻量、更低成本的服务。

十三、高山滑雪传奇人物

1. 斯泰因·埃里克森（Stein Eriksen）

作为世界滑雪运动最为知名的运动员之一，斯泰因·埃里克森以优雅而鲜明的滑雪风格被大众熟知超过60年。埃里克森在自传中表示，滑雪让他有一种优雅和速度完美结合的感受。作为世界上第一位高山滑雪运动员，获得过三个世锦赛冠军和一枚奥运会金牌的埃里克森被誉为“自由式滑雪之父”。

1927年12月11日，埃里克森出生于挪威奥斯陆，但是他人生中的绝大多数时光都是在美国度过，其中包括在犹他州鹿谷度过的35年。他参与了帕克城滑雪场的建设与推广，并且曾在科罗拉多州斯诺马斯、佛蒙特州枫林、科罗拉多州阿斯彭、加利福尼亚州天堂谷和密歇根州博伊恩山等地的滑雪学校担任主管工作。

1952年奥斯陆冬奥会上，埃里克森拿到了男子大回转项目的金牌，成为首位赢得奥运男子高山滑雪项目的非阿尔卑斯地区运动员。在两年后的瑞典世锦赛中，埃里克森又获得三枚金牌，这使他成为史上第一位世锦赛“三金王”。从此，他在滑雪赛场上声名鹊起。

2. **托尼·塞勒**（Toni Sailer）

奥地利高山滑雪运动员塞勒出生于1935年，从小就在高山滑雪项目上展现出过人的天分。他在1955年瑞士温根举行的比赛中夺得了冠军，由于他出生在基茨比厄尔，人们于是就把“基茨闪电”这个雅号送给他。

1956年，塞勒在科蒂纳丹佩佐冬奥会开始了自己的传奇之旅。在大回转比赛中，塞勒被安排在第18位出发。在他登场之前，他的同胞莫特勒滑出了3分06秒30的好成绩。许多观众随即迫不及待地提前向莫特勒祝贺胜利，但莫特勒却坚持要等到塞勒比赛后再作定论。果不其然，塞勒以3分00秒10冲过终点夺得冠军，而6秒至今仍然是冬奥会高山滑雪大回转决赛冠亚军成绩间最大的差距。

随后，塞勒又分别获得了回转和滑降的金牌，成为冬奥会历史上第一位单届夺得3枚男子高山滑雪金牌的运动员。迄今为止，能够比肩塞勒壮举的也只有1968年格勒诺布尔冬奥会上的法国名将基利。

3. 让-克洛德·基利（Jean-Claude Killy）

法国高山滑雪运动员，1968年在法国格勒诺布尔冬奥会上获得了高山滑雪的全部项目：滑降、回转和大回转三项冠军，至此成为高山滑雪“三冠王”。

基利后来担任1992年阿尔贝维尔冬奥会的组委会联合主席，于1995年成为国际奥委会委员，在1998年长野冬奥会、2002年盐湖城冬奥会、2006年都灵冬奥会等备期间也担任重要职务。基利还作为协调委员会主席参与了2014年索契冬奥会的筹备工作。在成功协助举行完2014年索契冬奥会后，已经70岁的基利辞去了国际奥委会委员的职务。国际奥委会主席托马斯·巴赫称赞基利为“体育传奇”。

4. 英格玛·斯滕马克（Ingemar Stenmark）

瑞典著名高山滑雪运动员，在20世纪70年代“统治”着高山滑雪项目，是瑞典民意评选中的“世纪最佳运动员”。斯滕马克共参加过3届冬奥会，夺得过2金1铜共3枚奖牌；世锦赛获得3次冠军；高山滑雪世界杯系列赛上获得3次年度总冠军，86次分站赛冠军。2019年，他以62岁高龄在世锦赛的雪道上完成了滑行，虽然这并非正式参赛，但他仍成为全场最受瞩目的运动员。高山滑雪项目是雪地上速度最快的运动，这次斯腾马克能够以高龄挑战，实属不易。

5. 克雷蒂尔·安德雷·奥莫特（Kjetil André Aamodt）

1971年9月2日，奥莫特出生在挪威奥斯陆，是唯一一位夺得8枚高山滑雪冬奥会奖牌的运动员，曾多次在重大体育赛事中获得优异的成绩，为自己和挪威赢得了荣誉。

奥莫特不仅夺得冠军次数多，而且他坚持不懈，持之以恒，善于灵活调整状态。从1989年年底到2006年年初，他在高山滑雪的顶尖国际大赛上一共奋斗了18年。

20岁时，奥莫特因为患上了单核细胞增多症而住进医院，他的病情一度严重到只能靠输液来维系生命，体重减少11公斤。但令人敬佩的是，2个月后，他就重返训练场，并参加了6个星期后开幕的法国阿尔贝维尔冬奥会。他在超级大回转项目上为挪威赢得了40年来第一枚高山滑雪金牌，成为高山滑雪历史上第二年轻的夺冠者。同时，他还在那届冬奥会的大回转项目上夺得铜牌。

随后，他在1994年利勒哈默尔冬奥会的滑降项目和全能项目上各夺得1枚银牌，在超级大回转项目中也夺得铜牌。在2002年美国盐湖城冬奥会上，奥莫特在超级大回转和全能项目上赢得 2 枚金牌。在 2006 年的都灵冬奥会上，奥莫特再次夺得超级大回转的金牌，这使他以 35 岁的高龄成为高山滑雪历史上年龄最大的奥运冠军，并以 8 枚奖牌成为冬运会高山滑雪项目上夺取奖牌最多的运动员。

除了在冬奥会上的优异表现，他在世锦赛舞台也是收获颇丰。1991—2003 年，他夺得了 5 金 4 银 3 铜，总计 12 枚奖牌。此外，在世界杯系列赛赛场上，奥莫特一共参加了 140 多站比赛，在所有 5 个高山滑雪项目上都有冠军入账。有此成就的男选手，全世界总共只有 5 人。

6. **扬尼卡・科斯泰利奇**（Janica Kostelić）

1982 年，科斯泰利奇生于克罗地亚萨格勒布，9 岁开始接受专业的滑雪训练，16 岁便参加长野冬奥会。2002 年，20 岁的科斯泰利奇克服了伤病的困扰，在盐湖城冬奥会上大放异彩，夺得女子回转、大回转和全能项目 3 枚金牌，以及超级大回转银牌。她是唯一一位在单届冬奥会上赢得 3 枚金牌的女子高山滑雪运动员。4 年后，她又夺得了全能项目金牌和超级大回转银牌。这样，她与奥莫特一样，在职业生涯中都获得过 4 枚冬奥会金牌，堪称冬奥会高山滑雪项目的“两大王者”。

7. **林赛・沃恩**（Lindsey Vonn）

美国女子高山滑雪名将，被视为高山滑雪界的偶像级人物。她于 2010 年温哥华冬奥会获得女子滑降项目金牌；2009 年世锦赛夺得女子滑降和超级大回转 2 枚金牌；此外，她于高山滑雪世界杯系列赛上获得过 4 次年度总冠军（2008 年、2009 年、2010 年、2012 年）以及 16 个单项总冠军（8 次速降、5 次超级大回转、3 次全能项目）。她 82 次赢得高山滑雪世界杯系列赛分站冠军，仅次于瑞典人斯滕马克的 86 次，在现役运动员中名列前茅。

十四、高山滑雪与中国

1980 年普莱西德湖冬奥会，我国派出男运动员朴东锡和女运动员王桂珍参加高山滑雪比赛，这是中国高山滑雪队首度亮相国际重要赛事。在强手如林的激烈竞争中，他们奋力拼搏，成绩挤进中游水平，基本上达到了预定目标。其中，王桂珍在女子回转比赛中取得第 18 名，这是中国高山滑雪队在历届冬奥会上的最好成绩。此后，中国高山滑雪运动员先后参加了 1984 年、1992 年、2006—2018 年冬奥会。

2018 年 1 月 23 日，国家高山滑雪队新疆组成立。

2019 年 3 月 20 日上午，国际雪联高山滑雪积分赛男子滑降比赛在法国奥龙滑雪场举行。中国高山滑雪队运动员张晓松、丛亮参与角逐并顺利完赛。这是中国高山滑雪运动员首次登上滑降项目国际竞技舞台。

十五、北京冬奥会高山滑雪观赛指南

高山滑雪项目被誉为“冬奥会皇冠上的明珠”，位于北京市延庆区海坨山风景区的国家高山滑雪中心设有7条雪道，雪道坡度大、落差大，比赛难度极高，主要承办高山滑雪赛事。同时，国家高山滑雪中心还设有山顶出发区、中间平台、竞技结束区、集散广场、索道等配套设施，最多可同时容纳8000人观赛。

2022年北京冬奥会高山滑雪比赛将产生11枚金牌，其中男子和女子滑降、超级大回转、大回转、回转、全能项目各产生1枚金牌，高山滑雪的混合团体赛产生1枚金牌。

北京冬奥会高山滑雪比赛的赛程见表1-1。

表 1－1　北京冬奥会高山滑雪比赛的赛程

日期	比赛开始时间	项目	比赛场地	地址
2022－02－06	11:00	男子滑降	国家高山滑雪中心	北京市延庆区张山营镇古龙路66号
2022－02－07	10:15	女子大回转第一轮		
	13:45	女子大回转第二轮		
2022－02－08	11:00	男子超级大回转		
2022－02－09	10:15	女子回转第一轮		
	13:45	女子回转第二轮		
2022－02－10	10:30	男子全能－滑降		
	14:15	男子全能－回转		
2022－02－11	11:00	女子超级大回转		
2022－02－13	10:15	男子大回转第一轮		
	13:45	男子大回转第二轮		
2022－02－15	11:00	女子滑降		
2022－02－16	10:15	男子回转第一轮		
	13:45	男子回转第二轮		
2022－02－17	10:30	女子全能－滑降		
	14:00	女子全能－回转		
2022－02－19	11:00	混合团体		

参考文献

[1] 冬奥竞赛项目知识介绍片之高山滑雪 [EB/OL]. [2020-12-22]. https://www.beijing2022.cn/a/20190509/007148.htm.

[2] 滑雪场建设标准及规范 [EB/OL]. [2020-12-22]. https://wenku.baidu.com/view/0b5cca0c0b1c59eef8c7b4e5.html.

[3] 雪道选址 登山40余次锁定海坨山 [N]. 新京报, 2021-02-01 (A08).

[4] 高山滑雪基本竞赛规则 [EB/OL]. [2020-12-22]. https://www.univsport.com/index.php?c=new&a=news_detail&d=5815.

[5] 速降滑雪速度是多少 如何提高速降滑雪的速度 [EB/OL]. [2020-12-22]. https://m.maigoo.com/goomai/239071.html.

[6] 王玫珏. 保障高山滑雪 集智造利器 [N]. 中国气象报, 2021-04-30 (003).

[7] 赵鹏. 5G+AI: 硬核新科技将服务冬奥 [N]. 北京日报, 2021-09-19 (003).

[8] 安德雷·奥莫特: 高山滑雪金牌最多的男选手 [EB/OL]. [2020-12-22]. http://sports.cctv.com/2018/

01/24/ARTIkcbqiOSjPZquyaV0wbJQ180124. shtml.

[9] 国家高山滑雪队新疆组成立［EB/OL］.（2018－01－24）［2020－12－22］. https：//baijiahao. baidu. com/s？ id＝1590450927595031412&wfr＝spider&for＝pc.

[10] 中国高山滑雪选手完成国际滑降比赛首秀［EB/OL］.（2019－03－21）［2020－12－22］. http：//www. xinhuanet. com/sports/2019－03/21/c_1124265608. htm.

[11] 北京冬奥组委. 北京2022年冬奥会竞赛日程 第十一版［Z］. 2021.

第二编 越野滑雪

CROSS-COUNTRY SKIING

越野滑雪是最基础的雪上传统项目，也是北欧两项、冬季两项运动的重要组成部分。

一、什么是越野滑雪?

越野滑雪是在1924年被列入首届冬奥会比赛项目。该项运动在白雪皑皑的山丘之间进行，参与这项运动的人都会因其与大自然的美相结合而爱上它，因为人们在进行滑雪锻炼身体的过程中还可以感受到大自然的鬼斧神工。

然而，对于专业越野滑雪运动员而言，越野滑雪便不再是那么美好。越野滑雪顾名思义是与“越野”有关的滑雪运动，并且我们都知道，任何项目一旦与“越野”挂钩，那就一定不是一个“轻松”的运动，而越野滑雪便是“不轻松”运动中最不轻松的，它的“不轻松”不仅在于比赛路程的“路漫漫其修远兮”，而且在于一场比赛的时间往往要持续一两个小时。

二、北京冬奥会越野滑雪的项目

1. 男子项目

男子 15 公里（传统技术）

男子双追逐（15 公里传统技术 +15 公里自由技术）

男子个人短距离（自由技术）

男子团体短距离（传统技术）

男子 50 公里集体出发（自由技术）

男子 4×10 公里接力（传统技术/自由技术）

2. 女子项目

女子 10 公里（传统技术）

女子双追逐（7.5 公里传统技术 +7.5 公里自由技术）

女子个人短距离（自由技术）

女子团体短距离（传统技术）

女子 30 公里集体出发（自由技术）

女子 4×5 公里接力（传统技术/自由技术）

三、越野滑雪——世界上最古老的运动项目之一

越野滑雪是一项非常古老的雪上运动，起源于约 5000 年前的欧洲。它最开始并不是人们的娱乐方式和兴

趣爱好，而是一种应对大自然环境的交通方式与狩猎方式。最开始的滑雪板就是被劈开的木头或木棍，人们用绳子把自己的双脚与这种雪板绑在一起，在雪地上滑行，这便是现代滑雪的雏形。

据记载，在 1226 年的挪威内战期间，两名被称为“桦木腿”的侦察兵，为了保护自己国家的王子，踩着滑雪板翻山越岭，终于在穿过 35 英里雪地后摆脱了敌人的追杀。从此以后，挪威人民便每年都会举办越野马拉松滑雪比赛，并且比赛路程都与当年侦察兵的逃亡路程相同，这也是为了向两位英勇的侦察兵致敬。

而从 15 世纪开始，越野滑雪不再只是出现在人们的日常生活中，尤其是北欧的一些国家和俄罗斯看中其实用性，所以将越野滑雪运用到了战争之中。

随着时间的流逝、国际大环境的变迁，越野滑雪也逐渐从战争的舞台中隐退，但这项运动能够让参与者感受到在自然环境中高速滑行所带来的刺激，于是也逐渐演变成为人们所热爱的竞技运动。

1924 年，越野滑雪登上了国际舞台，成为第一届冬奥会的比赛项目。

四、越野滑雪对运动员的体能要求有多高?

越野滑雪被公认为最艰苦的比拼体能的比赛项目之一。对于越野滑雪运动员而言，几十公里的路程都是“家常便饭”。在越野滑雪的比赛项目中，距离最短的个人竞速比赛（Sprint）是1.5公里（但要进行多轮这么长距离的角逐），而距离长一点的则有15公里、30公里甚至50公里，虽然女子比赛的路程相对要短一点，但也有10公里、15公里以及30公里的比赛。

中国国家越野滑雪集训队的体能教练讲述：“我们需要参加50公里越野滑雪，并且需要在极端天气下进行比赛，所以在平常训练过程中，我们不仅需要承受比比赛的强度更大的训练，也需要承受比比赛天气更恶劣的环境。”国家集训队队员讲道：“在训练过程中，同一个部位经常性受伤，现在两个膝盖和两个胳膊肘已经长出了增生疤，指甲磨得能够看到指甲里的肉了。”集训队领队提道：“在最开始进行集训的阶段，由于训练所需的滑轮鞋数量不够，但集训人员约有150人，所以最开始只能够三四个人穿一双鞋，而每个人的鞋码、脚型而不一样，所以十分艰难。由于滑轮鞋数量限制，只能轮流穿鞋进行训练，很多时候天还没亮就开始训练了，到了天黑了还有人在滑。”

一位在都灵冬奥会上夺得两枚越野滑雪金牌的名将表示，很多人都会因为训练的艰苦而产生放弃这项运动的念头，因为每天的训练强度都要达到五六十公里，同时户外环境恶劣，一般人很难承受这种长时间高强度的训练。所以每一位越野滑雪运动员的体能都是十分“强悍”的。

五、越野滑雪运动员在超越时靠“踩板”来提醒！

在规定采用传统技术的越野滑雪比赛中，有一项规则是比较难以令普通人理解的，那就是“踩板”规则。在比赛过程中，倘若后方选手想要超过前方选手，需踩一下前方选手的滑雪板提醒他，而前方选手在得知消息后必须让出雪道，否则就是犯规。

这种超越规则是与越野滑雪的场地环境有关。如果比赛规定只能采用传统技术，比赛场地上会有专门压好的雪槽，而雪槽也就是雪板滑行的轨道，所有选手必须在雪槽内滑行，并按照规定路线和方向进行比赛。所以当后方选手发出要超越前方选手的信号时，前方选手需在移出该雪槽供后方选手超越后，再移回来继续前进。

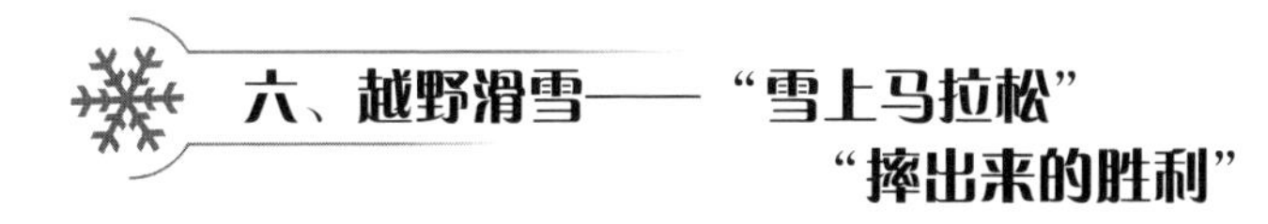

六、越野滑雪——“雪上马拉松”“摔出来的胜利”

越野滑雪一直有着“雪上马拉松”的称号，主要因为这项运动的比赛十分漫长，路程少则几公里，多则10公里、30公里甚至50公里，并且是在山丘之间进行滑雪比赛。相比于普通的马拉松而言，越野滑雪的比赛场地条件与天气环境更为恶劣，运动员通常需要在零下几度甚至零下十几度的地方进行比赛；相比于马拉松运动员在平坦的道路上奔跑，并且在比赛过程中还有食物、饮料的补给，越野滑雪运动员在几十公里的路程中只能够依靠自身的意志与毅力完成比赛。

在长距离的比赛中，许多运动员会因体力消耗殆尽而中途退出，而那些即将完成比赛的运动员在比赛冲刺阶段也往往会因为体力不支而在冲刺时摔倒。对此，各个国家的教练会在训练过程中研究并训练队员如何能够更好更有效地“摔出胜利”，也就是在最后冲线时比较谁能够摔得更远、摔得更快。这也是为什么越野滑雪的胜利又被称之为“摔出来的胜利”。

七、越野滑雪的传统技术 Vs 自由技术

现代的越野滑雪运动有两种截然不同的滑行技术被广泛运用，分别是传统技术（Classic Technique）和自由技术（Freestyle Technique）。两者有何区别呢？

从两种技术出现的时间来看，在越野滑雪成为体育项目时只有传统技术被运用，当时的人们在雪地上滑行时只能够通过前后交替滑和与双杖推撑滑行两种方式滑行。而在 20 世纪七八十年代，比赛中就开始出现了一种不被世人所认可的“作弊”滑雪技术。这种技术借鉴了滑冰运动中的蹬冰，也就是采用蹬雪的方式滑雪，这严重违反了当时的比赛规则，但由于使用这种技术滑雪速度要快于传统技术，并且越来越多的滑雪爱好者热衷于使用这种技术，于是，国际雪联于 1988 年这种将“蹬雪”技术列为比赛指定技术，也就是现在的自由技术。

越野滑雪使用的两种技术，连雪板也有显著的不同：自由式板比较短、板尖比较小，底部光滑，需全部打滑蜡；传统式板有很明显的弓形弧线，只有滑行部分需要打滑蜡，中间蹬动部分打防滑蜡。

现在的越野滑雪比赛中，大部分比赛项目要么全程只允许使用传统技术，要么全程只允许使用自由技术，只有双追逐比赛（Skiathlon，男子比赛30公里，女子比赛15公里）是两种技术相结合的项目。例如，男子30公里双追逐比赛要求运动员前15公里只能用传统技术滑行，后15公里允许使用自由技术。换句话说，在双追逐比赛中，运动员前半程“安分守己”地进行比赛，后半程可以“各领风骚”。以此类推，女子15公里双追逐比赛形式则是7.5公里+7.5公里。至于接力比赛，则是要求前两棒运动员使用传统技术，后两棒运动员使用自由技术。

八、在山丘间比赛的越野滑雪赛道有什么要求？

越野滑雪比赛对场地的要求也是十分严格的，并不会因为是在户外就有所松懈。首先，比赛场地应当选择设在地形多变的森林地带，确保为运动员提供一个艰难的比赛环境。其次，为了不让运动员过于轻松地完成比赛，整条赛道上坡、下坡和平地路段必须各占1/3，而不是一般人所认为的“滑雪呀，一路向下滑就完事了”。但为了防止运动员在比赛过程中出现意外，赛道的雪面都会经过机械或人工的压固，并且雪面的厚度要在10厘米以上。

不仅如此，在规定使用传统技术的比赛中，所有运动员都必须将雪板放入已经压好的雪槽中，通过双腿的前后摆动以及利用雪杖撑动前行，按照赛委会所安排的指定路线进行比赛，不能跳出雪槽“另辟天地”。所以，为了确保运动员的安全和比赛质量，赛委会可谓费尽心思，以防出现任何意外事故。但说到场地，最为严格的一条规定还是关于比赛场地的使用：15 公里以内的越野滑雪比赛的场地是不可以重复使用的。

九、“最小自然足迹策略”——国家越野滑雪中心冬奥场馆设计

2022 年北京冬奥会越野滑雪比赛场馆——国家越野滑雪中心位于张家口奥林匹克体育公园东南侧山谷，距奥林匹克体育公园主入口约 700 米，距张家口奥运村约 4 公里，由清华大学建筑学院、清华大学建筑设计研究院有限公司联合设计。在可持续发展的策略指导思想下，研究设计规划张家口国家越野滑雪中心在冬奥会后将完全转变为休闲度假场所。

设计者以“最小自然足迹策略”作为越野滑雪中心场馆规划设计的根本主旨，主要措施包括四方面：第一，减少永久设施的建设，尽量采用临时的、可拆除的基础设施满足奥运会功能，以便赛后对场馆的灵活利用；第二，在赛道设计上，将赛道系统与大自然创造性整合，减少人工对大自然的侵占；第三，在体育场设计上，表现为对场馆永久设施的控制，以集约化的永久设施实现对奥运功能

的承载；第四，在运行场院设计上，表现为最大限度地发挥设施的灵活性发挥效力，以通用的场地和装配式的建筑满足不断变化的需求。

“最小自然足迹策略”创造了更多的机会来利用固有的空间，并传达了对场地长久可能性的尊重。在保证奥运会必要需求的前提下，以更少的赛前投入换取更大的赛后灵活性，使得不论是自然地貌的恢复，还是新的休闲度假设施的建设都能够获得较好的预期效果。

十、高科技助力：卫星导航系统在越野滑雪比赛训练中的应用

全球卫星导航系统也叫全球导航卫星系统（Global Navigation Satellite System，简称 GNSS），是能在地球表面或近地空间的任何地点为用户提供全天候的三维坐标、速度和时间信息的空基无线电导航定位系统，包括一个或多个卫星星座及其支持特定工作所需的增强系统。

全球卫星导航系统国际委员会（International Committee on Global Navigation Satellite Systems）公布的全球四大卫星导航系统供应商，包括美国的全球定位系统（GPS）、俄罗斯的格洛纳斯卫星导航系统（GLONASS）、欧盟的伽利略卫星导航系统（GALILEO）和中国的北斗卫星导航系统（BDS）。

GNSS 在体育领域应用广泛，已经基本覆盖了绝大多数的户外运动，其提供的位置信息、速度信息和时间信息对于所有运动项目都是重要的基础参数，为运动参数测量、运动负荷和比赛需求评估、运动训练监控、比赛性能量化、伤病预防和康复提供了准确而及时的数据。由于项目本身的特殊性，越野滑雪比赛并没有固定规格的场地，因此卫星导航系统在越野滑雪比赛训练中应用的重要性日益增加，具体包括三个方面：

（1）速度上的应用：Benedikt 等学者利用 GNSS 量化越野滑雪运动在每米距离的分段时间，并基于轨迹分析研究整个赛程中的速度策略。

（2）运动员个体应用：Erik 等学者利用差分全球卫星导航系统（DGNSS）进行越野滑雪运动的定位和速度测量，并结合视频进行时间同步，研究滑雪速度、技术选择、动作周期速率、心肺耐力、身体成分、最大滑雪速度与运动表现的关系。

（3）结合场地的应用：Peter 等学者利用差分全球定位系统（DGPS），结合代谢气体测量、滑雪场不同部分的速度和跑步机阈值数据，通过越野传感器系统将越野滑雪运动中的子技术监测和分布与不同的地形相关联，为日常训练和比赛中的技战术安排提供助力。

十一、越野滑雪与中国

1986年3月，在日本札幌举行的第一届亚洲冬季运动会，我国运动员宋世姬、唐玉琴、常德珍、卢凤梅4人携手夺得越野滑雪女子4×5公里接力项目冠军，这是中国在越野滑雪项目的第一个亚洲冠军。

2009年2月22日，在哈尔滨世界大学生冬季运动会上，孙清海取得了我国选手在越野滑雪男子短距离项目的历史最好成绩——第六名。他此次参加比赛的目标是闯进半决赛，显然他已经超额完成了任务。

2016年2月18日，中国雪上项目在利勒哈默尔冬季青奥会上再次实现突破，17岁小将池春雪以一枚越野滑雪银牌（女子5公里）结束了我国在这个分项上的奥运级别“奖牌荒”。

2017年，世界大学生冬季运动会，张雪、吴爱婷、李磊在越野滑雪女子3×5公里接力比赛中获得第六名，这也是我国运动员境外参加大冬会在越野滑雪项目所取得的历史最好成绩。

2018年1月4日，第十六届瓦萨中国赛暨2018年国际雪联越野滑雪中国巡回赛长春站在净月潭拉开战幕，在男子50公里集体出发比赛中，中国选手唐金乐技压群雄摘得金牌。

2018年，由国际雪联主办，中国滑雪协会、北京市延庆区人民政府承办的2018年国际雪联越野滑雪中国巡回赛北京延庆站于1月9日进行，中国越野滑雪队在本站比赛中实现突破，王强获男子组亚军，曲颖获女子组第四名。

2019年3月1日，2019首创集团国际雪联中国北京越野滑雪积分大奖赛在国家体育场“鸟巢”庆典广场拉开帷幕，共有来自21个国家的200余名顶尖高手展开竞逐。在专业组女子短距离比赛中，中国选手迪尼格尔·依拉木江一路杀入决赛，更一度领滑，最终以4分26秒82的成绩获得亚军。

王春丽是中国优秀的女子越野滑雪运动员。在2007年亚冬会越野滑雪女子短距离比赛中，她以0.09秒的微弱优势获得金牌，结束了中国在亚冬会上从未在这个小项获得金牌的纪录。此后，王春丽又获得女子5公里比赛季军和4×5公里接力比赛亚军。2005年，王春丽开始兼练冬季两项，在2008—2009赛季冬季两项世界杯系列赛瑞典站的比赛中夺得女子7.5公里短距离赛冠军。这也是自2001年于淑梅夺冠后，中国运动员时隔7年再度在冬季两项世界杯赛场摘得金牌。

中国优秀的越野滑雪运动员还有满丹丹、王强、宋世姬、唐玉琴、常德珍、卢凤梅、孙清海、池春雪等。

 十二、越野滑雪与高山滑雪有什么区别?

高山滑雪的技术动作包括多变的转弯技术、应急加速和停止、惊险的跳跃技术等特殊技术，并且运动员是从高处往低处加速下滑，所面临的特殊情况会更多，十分考验其在高速下的反应速度与保持冷静的能力。

相比于高山滑雪，越野滑雪虽然也在山丘间进行，但因其对地形的要求有所不同，就注定了这项运动的安全性会更高，且技术难度不会太高，适宜各年龄估的爱好者参与。

 十三、越野滑雪传奇人物

1. **比约恩·戴利**（Bjørn Dæhlie）

挪威男子越野滑雪运动员戴利参加过 4 届冬奥会，共计获得 8 枚越野滑雪项目金牌（其中 6 枚在个人项目上夺得），是该项目有史以来最杰出的男子运动员，也一度保持着冬奥会个人金牌和奖牌数纪录。戴利以心肺耐力超群著称，据测算，他的最大摄氧量达到 96 毫升/千克/分钟，这使他在比赛中具有巨大的体能优势。在 2001 年因伤退役后，戴利依然是挪威的全民偶像，他涉足时尚界、投资

地产等多个行业。

2. **玛丽·比约根**（Marit Bjørgen）

挪威女子越野滑雪运动员。自2002年起连续参加了5届冬奥会，在越野滑雪项目上夺得8金4银3铜，除了与同胞前辈戴利、比约达伦共享冬奥会个人金牌数纪录外，更以15枚奖牌的惊人成绩成为冬奥会奖牌最多的选手。此外，她在世界锦标赛上共获得15个冠军，这使她成为这个项目上无可争议的第一人。

十四、北京冬奥会越野滑雪观赛指南

国家越野滑雪中心位于张家口赛区，将承担北京冬奥会越野滑雪和北欧两项（越野滑雪）的比赛。越野滑雪是冬季项目中的马拉松，其比赛路程以及时间都很漫长，是典型的耐力项目。

2022年北京冬奥会越野滑雪比赛将产生12枚金牌，其中男子、女子项目各6枚。另外，作为冬奥会的一项惯例，越野滑雪男子50公里、女子30公里项目颁奖仪式将在闭幕式上举行。

北京冬奥会越野滑雪比赛的赛程见表2-1。

表 2－1　北京冬奥会越野滑雪比赛的赛程

日期	比赛开始时间	项目	比赛场地	地址
2022－02－05	15:45	女子双追逐（7.5 公里传统技术 +7.5 公里自由技术）	国家越野滑雪中心	河北省张家口市崇礼区古棋路
2022－02－06	15:00	男子双追逐（15 公里传统技术 +15 公里自由技术）		
2022－02－08	16:00	男子/女子个人短距离（自由技术）		
	18:30	男子/女子个人短距离（自由技术）决赛		
2022－02－10	15:00	女子 10 公里（传统技术）		
2022－02－11	15:00	男子 15 公里（传统技术）		
2022－02－12	15:30	女子 4×5 公里接力（传统技术/自由技术）		
2022－02－13	15:00	男子 4×10 公里接力（传统技术/自由技术）		
2022－02－16	17:00	女子团体短距离（传统技术）资格赛		
	17:00	男子团体短距离（传统技术）资格赛		
	19:00	女子团体短距离（传统技术）决赛		
	19:00	男子团体短距离（传统技术）决赛		
2022－02－19	14:00	男子 50 公里集体出发（自由技术）		
2022－02－20	14:30	女子 30 公里集体出发（自由技术）		

参考文献

[1] 冬奥竞赛项目知识介绍片之越野滑雪[EB/OL].[2020-12-22]. https://www.beijing2022.cn/a/20190509/007160.htm.

[2] 王树旺，刘建元. 越野滑雪：在山丘雪原间滑行[N]. 解放军报，2021-03-03（009）.

[3] 陈宇. 欧美越野滑雪文化发展历程、经验及启示[J]. 安徽体育科技，2021（02）：25-29+47.

[4] 王岩. 越野滑雪运动员体能训练研究[J]. 冰雪运动，2017（5）：38-41.

[5] 单兆鉴. 中国滑雪运动之最[J]. 冰雪运动，2003（1）：38-40.

[6] 中国越野滑雪运动员孙清海：无缘奖牌依旧精彩.[EB/OL].[2020-12-22]. https://sports.sohu.com/20090223/n262397994.shtml.

[7] 张寒. 池春雪冬青奥摘银实现中国越野滑雪历史性突破[EB/OL].（2016-02-09）[2020-12-22]. https://sports.huanqiu.com/article/9CaKrnJTWPu.

[8] 韦骅，周良. 大冬会综述：中国夺第三金 女子冰球获第四[EB/OL].（2017-02-07）[2020-12-22]. http://sports.sina.com.cn/others/winter/2017-

02 – 07/doc – ifyafcyx7343022. shtml.

[9] 越野滑雪中国巡回赛：唐金乐摘得男子 50 公里金牌 [EB/OL]. (2018 – 01 – 04) [2020 – 12 – 22]. https://baijiahao. baidu. com/s? id = 1588653885713097426&wfr = spider&for = pc.

[10] 国际雪联越野滑雪中国巡回赛王强获亚军 [N]. 中国体育报，2018 – 01 – 10 (02).

[11] 越野滑雪积分大奖赛鸟巢站 中国选手迪尼格尔斩获女子亚军 [EB/OL]. (2019 – 03 – 02) [2020 – 12 – 22]. https://www. sohu. com/a/298688189_ 161623.

[12] 潘睿，谢祺旭，周盼，等. 国家越野滑雪中心：采用最小自然足迹策略的冬奥场馆设计 [J]. 建筑学报，2021 (Z1)：168 – 171.

[13] 宁津生，姚宜斌，张小红. 全球导航卫星系统发展综述 [J]. 导航定位学报，2013 (1)：3 – 8.

[14] 刘泳庆，蔡旭旦，张蓓，等. 卫星导航系统在越野滑雪比赛训练中的应用 [J]. 卫星应用，2021 (4)：36 – 39.

[15] 叶鸣. 冬季奥运会体育欣赏 [M]. 上海：立信会计出版社，2018.

[16] 北京冬奥组委. 北京 2022 年冬奥会竞赛日程　第十一版 [Z]. 2021.

第三编

跳台滑雪

SKI JUMPING

运动员从陡坡飞速下滑，然后在跳台末端一跃而起的雪上项目。跳台滑雪运动既要考虑飞腾远度，还要注重空中姿态。

一、什么是跳台滑雪？

跳台滑雪简称“跳雪”，享有“雪上滑翔机”美誉，在1924年第一届冬奥会就被列为正式比赛项目。运动员脚着专用滑雪板，不借助任何外力，沿着跳台的倾斜助滑道下滑；起滑后，利用自身重量在助滑道上获得加速度；到达起跳点后借助惯性、速度和弹跳力，使身体跃入空中；从跳台末端飞出后，身体前倾与滑雪板成锐角，沿抛物线在空中飞行数秒后，最后落在山坡上。

简而言之，跳台滑雪的技术动作包括四个阶段：助滑—起跳—飞行—落地。裁判员根据运动员在落差100多米的比赛场地中的飞行距离和空中姿态来评分。

二、跳台滑雪不光彩的历史——一项由死刑演变而来的运动！

跳台滑雪运动起源于挪威。相传，古时的挪威统治者想出一种处决犯人的刑罚，就是给犯人双脚各绑一块雪板，将他从有雪的高山往下推，让他自行滑下，当他通过断崖的凸处时，身体就会抛向空中，最后坠落到山下摔死。后来，这种从高处跳下滑雪的动作就逐渐地演变成现代的跳台滑雪运动。

三、北京冬奥会跳台滑雪都有哪些分项？

北京冬奥会中跳台滑雪设有5个项目：男子个人标准台（Men's Individual Normal Hill）、男子个人大跳台（Men's Individual Large Hill）、男子团体大跳台（Men's Team Large Hill）、女子个人标准台（Women's Individual Normal Hill）、混合团体标准台（Mixed Team Normal Hill）。

四、跳台滑雪运动员的比赛装备有哪些特殊要求？

需要的装备有：跳台雪板、固定器、滑雪靴、滑雪服、头盔、手套、跳台风镜。其中，滑雪服、滑雪靴、头盔和风镜的总重量，由运动员的身高、体重决定。

1. 滑雪板

材质主要是高分子尼龙或塑料。专业运动员基本都使用高分子尼龙材质的滑雪板，因为高分子尼龙自带润滑性，在滑行时摩擦力小，且耐磨性强、不易变形，但它的价格要远远高于塑料材质的滑雪板。

专业跳台滑雪板的边刃非常锋利，据说运动员可以用它来刮胡子。

运动员比赛时使用的滑雪板，长度不能超过运动员身高的145%，宽度不能超过11.5厘米。板底有方向槽。赛前会有专门的检测员对滑雪板的尺寸进行测量，一旦发现其不符合要求，运动员可以锯掉多余部分，或是更换另外一对滑雪板，达到要求后即可参加比赛。

普通滑雪爱好者可以选择比自己身高长5厘米的、弹性较好的滑雪板，因为滑雪板过长会增加操控的难度。

2. **固定器**

固定器被安装在滑雪板上不可拆卸，运动员着滑雪靴后通过固定器将双脚紧紧固定在滑雪板上，使其身体与滑雪板合为一体。在比赛中如遇运动员摔倒，固定器可以自动及时脱落，避免运动员进一步受伤。

3. **滑雪靴**

滑雪靴用高质牛皮面和硬底制成，鞋后腰置入弧形钢片，鞋腰前帧与鞋脸形成一定角度；靴底厚度不得超过45毫米；不允许运动员为获取更多外力以提高成绩而对鞋子进行改装。

4. **连身比赛服**

运动员比赛时须身穿国际雪联认证厂家生产的服装，

服装各部分必须全部采用同一种合成纤维材质，厚度要求在4～6毫米。每位运动员服装全部为量身定制，基本价格在1万～1.5万美元起步，所以运动员要严格控制体重。运动员可内穿紧身衣、短袖、七分裤，但不能穿带有技术矫正性辅助手段的服装。比赛时，裁判会专门检查运动员服装的腋下及裆下是否能产生兜风效果。2020年，在国际雪联跳台滑雪世界杯系列赛下塔吉尔站的比赛中，有两名运动员因比赛服不符合规范而被取消资格。已有越来越多学者通过实验和研究发现，通过调整跳台滑雪服装的透气性可以延长运动员飞行距离。

5. 头盔

跳台滑雪运动员佩戴的头盔呈半包围状，较其他项目的头盔更小、更轻，且两侧没有耳孔。运动员比赛时必须佩戴有国际雪联认证标识的头盔。

6. 手套

使用五指分开的手套，材质不限。

7. 跳台风镜

也称滑雪护目镜，镜框通常较窄且软，能紧贴面部。运动员戴上风镜时既可防风雪，又便于观看前下方。滑雪镜片镀膜的不同颜色代表不同功效，通常黄色为增光，适用于阴天；蓝色和银色多用于晴朗天气。

五、跳台滑雪是比谁跳得远吗？

跳台滑雪是一项比较跳跃距离和动作姿势的一种雪上竞技项目，所以在比赛时不仅要看运动员跳的距离有多远，还要看其在空中飞跃滑翔时姿态的准确性、完美性及整体稳定性。

跳台滑雪项目的得分由飞行距离分和飞行姿态分构成，前者衡量飞行距离，后者衡量运动员从起跳、飞行到着地的整个过程姿态的美感。也就是说，裁判打分看两部分：飞行距离＋飞行姿态。比赛中共有5名裁判对运动员的飞行姿态评分（满分为20分），在去掉最高分与最低分后，其余3名裁判给出的分数相加就是运动员在该次试跳的飞行姿态分。距离分，在着地区设定一个K点——评分原点（距离基准分为60分），然后根据实际跳跃落点加分或减分。距离分加上飞行姿势分、出发门分值和风力补偿分就是运动员在一次跳跃的得分。

比赛共进行两轮，首轮按运动员世界杯积分倒序出发或通过抽签确定出发顺序，第二轮按上轮比赛得分倒序出发。两轮分数相加得到的总分越高者排名越靠前。

六、如何跳得更远？

跳台滑雪全程包括四个技术环节：助滑—起跳—飞行—着地，其中前三者环环相扣，影响着飞行距离。助滑是为了起跳时获得更快的初速度。起跳是整个动作成败的关键，运动员要保持身体前伸，尽量靠近滑雪板，使身体和雪板呈小V形。飞行过程中，运动员应保持身体平稳、姿态舒展。

对运动员来说，起跳时最好是处于逆风，因为这个时候起跳人才会往上飘，如果飞出去时自我感觉很飘，那基本上就可以取得一个较好的成绩了。反之，如果是处于顺风，人一般是呈下落的状态。在运动员准备起跳时，教练员通常会观察现场的风向和风力，等到比较合适的条件到来之时才向运动员发出起跳指令，这样能帮助运动员取得好的成绩。

另外，有实验证明，与雪板平行相比，雪板呈“V”字形能减少28%的风阻，可以为运动员提供更多的升力。在飞行过程中，运动员可以通过摆动手臂来控制身体平衡，以延长飞行距离。

七、跳台滑雪“飞翔”的历史

1900 年，挪威人比约默·尼尔森（Bjame Nilsen）表演了第一个传统跳跃，远度是 17 米。

1902 年，另一名挪威人尼尔斯·耶斯特万格（Nils Gjestvang）采用同样的方法跳出了 41 米。

1931 年，挪威运动员西格门德·鲁德（Sigmund Ruud）最先将飞行距离提高到 81.5 米。

1934 年，西格门德·鲁德的弟弟比尔格·鲁德（Birger Ruud）采用上体加大前倾，两臂前伸的姿势又将飞行距离提升到 92 米。

1936 年 3 月 15 日，年仅 17 岁的奥地利运动员瑟普·布拉德尔（Sepp Bradl）在法国夏蒙尼锦标赛上跳出了 101.5 米的成绩，是该项目历史上首位距离突破 100 米的选手。

1950 年，联邦德国运动员约瑟夫·韦勒（Josef Weller）创造了 127 米的飞行距离纪录。

1967 年，挪威运动员拉尔斯·格里尼（Lars Grini）在维克松（Vikersund）又将飞行距离提高到 150 米。

1994 年 3 月 17 日，奥地利运动员安德烈亚斯·戈尔德伯格（Andreas Goldberger）成为突破 200 米大关的第一人，他的成绩是 202 米。

1999 年，跳台滑雪世界杯系列赛总决赛，德国选手马丁·施密特跳出了不可思议的 214.5 米。

2017 年，奥地利运动员斯特凡·克拉夫特（Stefan Kraft）跳出了 253.5 米，相当于从 80 层的高楼跳下，在空中飞行了 10 秒钟，越过了 2.5 个足球场。

八、标准台和大跳台有什么区别?

标准台：高度 90 米。从台端到 K 点的距离需在 75～99 米。

大跳台：高度 120 米。从台端到 K 点的距离应大于 100 米。

大跳台滑雪无论是滑道的距离还是跳台的高度落差都远远大于标准台，将其取名“大跳台”也算是实名而归了。

九、跳台滑雪——勇者的“游戏”

跳台滑雪又被称为“雪上滑翔机”“飞雪”，也是一项紧张刺激的极限运动。比赛中，运动员冲出跳台，通常首先需要沿着坡度为 35～37 度的光滑赛道，犹如失重般快速下滑，瞬间时速可达 110 公里，相当于一辆行驶在高速公路的“人体汽车”。起跳后，运动员保持与滑雪板近乎平行的身体姿势，在空中滑翔，最后像抛物线一样流畅降落在斜坡上。按照目前最远滑行距离估算，运动员约3秒就可以飞越一个足球场，是名副其实的“空中人体飞弹”。同时，无论是标准台还是大跳台，跳台高度都是在90米以上，也就意味着运动员需要在“摩天大楼”上起飞、滑翔百米以上后再着陆。运动员在空中身体姿态稍有失衡，哪怕就是动一个手指都会影响到最终成绩，甚至可能导致失误摔跤。

跳台滑雪是一项对速度、技巧要求极高的运动，因此直到2014年索契冬奥会，女子跳台滑雪才首次成为冬奥会正式比赛项目。

十、跳台滑雪危险吗？

从几十米高的跳台高高一跃，然后在近百米的高空滑翔、落地，这样看来的确吓人。那么，跳台滑雪运动员在无保护的情况下会把腿摔断吗？运动员为什么可以从那么高的地方落下时安然无恙？

这要从物理学角度来分析：第一，跳台的缓冲区很长。第二，雪板落地接触地面之后，运动员继续顺着斜面向前滑行，在速度降为零之前通常要滑行很长的距离。同时，因为着陆区是设计成斜面的，这个斜面与运动员着陆一瞬间的速度夹角很小，所以垂直于斜面的速度分量就很小，而运动员着陆后受到的冲击力是来自着陆一瞬间的速度的与斜面的垂直的分量，所以这个撞击的分量速度相对滑雪的速度甚至着陆的速度来说都是很小的。第三，缓冲区不单改变了冲量的方向也增加了改变时间。第四，跳台滑雪的雪板宽、厚、长，可以吸收足够的垂直冲击。而运动员落地时，采用类似弓箭步的双膝微屈姿势，能有效减少落地瞬间对身体的强大冲击力。所以运动员落地时只要保持姿势正确是没有危险的。

的确，比赛中也有少数运动员因失误而落下，摔得人仰马翻，滑雪板脱落飞到一旁，但最严重的也只是跌得头破血流或是骨折。经查阅资料可知，至今还没有运动员在比赛中因失误导致丧命的案例。

十一、跳台滑雪要学多久才可以飞?

对于有一定滑雪基础的人来说，基本上练习一个多月就可以从 10 米高的跳台“飞翔”了。但专业运动员一般需要经过长年累月的训练后才可以从 90 米高的跳台“起飞”。

十二、跳台滑雪没有世界纪录，只有最好成绩

跳台滑雪受外界客观因素影响非常大，每个场地的助滑道的角度、起跳台端、坡度设计参数都不太相同，均没有一个唯一规定的硬性指标，加之受自然条件（如每场比赛时的风向、风速、天气雪质）的影响，场地条件都会有所不同。比赛时运动员对场地的适应性，加上自身发挥情况都有很大的变数，所以成绩会有所起伏。因此，跳台滑雪项目只有最好成绩，而不设置世界纪录。

决定比赛成绩的主要因素是滑行速度、起跳的时机、起跳的方向和运动员的心理素质。

十三、跳台滑雪专项训练的特点——少跳

大多数运动项目都是通过大量重复的训练提高技术水平，而跳台滑雪则相反。跳台滑雪运动员虽然每次训练时在空中的飞行时间非常短暂——仅仅几秒钟，但是考虑到落地时产生的强大冲击力对膝关节的影响，即使在天气晴朗的情况下，运动员一天一般也就练习 10 ～ 15 次跳跃，也就是说，运动员每天训练时在空中飞行的总时长只有 1 分钟左右。

十四、高科技助力北京冬奥会跳台滑雪

1. 风洞实验室

2020 年 12 月，河北保定市涞源县建成国内首个供跳台滑雪运动员训练使用的“水平风洞实验室”，使我国运动员不用迈出国门，便能够以目前世界上较为先进的跳台滑雪训练方法——“风洞测试”进行日常训练。风洞实验室可以最大化还原跳台滑雪空中飞行的真实场景，保证运动员空中滑行时风速维持在 32 ～ 36 米/秒。因此，它能够帮助运动员在风洞中反复感受到空气动力，并及时纠正错误动作、固定正确动作；同时，也可检测运动员服装是否合体、合适。

我国跳台滑雪运动员每天的训练内容主要包括三部分：体能训练、风洞训练和跳台训练。

目前，在风洞实验室中，我国运动员基本上每天会进行 10 分钟的模拟飞行训练，这相当于以往 10 天的训练量，使运动员大大强化了完成空中姿态的感觉，训练效果显著提高。

该风洞实验室有两大亮点：第一，它是目前世界最大的应用于体育领域的多功能风洞实验室，可以多方面对运动员进行训练；第二，可以对运动员三个连贯动作（助滑阶段、起跳阶段、飞行阶段）进行训练，而其他国家的风洞实验室一般只能进行一个动作的训练。

2. 人造草坪

跳台滑雪运动员可以不分季节进行训练、比赛。前文提到的涞源国家跳台滑雪训练基地可以为中国运动员提供优越的夏季训练条件。赛道铺垫的是人造草坪，据专家介绍，喷射一定量水后，该草坪场地摩擦力对真雪场的模拟度可以达到95%以上，从而最大化地还原了运动员在冬季训练场景。

十五、新型滑雪服堪比“防弹衣”！

2014年，美国和加拿大的滑雪运动员穿上了添加一种智能分子材料“STF”（剪切增稠液体）滑雪服。用STF材料制成的滑雪服防护性能极好，它在常态下处于一种黏稠的半液体状态，一旦遇到高速的撞击，这些智能分子立刻相互连接形成防护层，使外来的冲击力分散到周围，不会集中于身体的某一点。更重要的是，对于运动员来说，它解决了空气阻力和衣服柔韧性的问题。这种用在滑雪服上的技术材料，也用在英国军队的新型防弹衣上！

十六、夏季也可以比赛跳台滑雪吗?

可以！只是比赛的赛道是由塑料垫铺设。

国际雪联批准于每年的6月至10月（北半球）或11月至次年的3月（南半球）在这样的场地上举行跳台滑雪比赛。

十七、跳台滑雪传奇人物

1. 马蒂·尼坎宁（Matti Nykānen）

说起跳台滑雪这项运动，大家自然就会想起世界上最伟大的跳台滑雪运动员马蒂·尼坎宁。出生于芬兰的尼坎宁之所以被公认为“最伟大”，是因为其职业生涯表现得足够的优秀。尼坎宁曾创造了跳台滑雪历史上唯他一人保持的纪录：包揽了男子跳台滑雪5个最高等级赛事的个人赛冠军。除了4枚冬奥会金牌外，他还获得了跳台滑雪世锦赛冠军，跳台飞行世锦赛冠军，4次跳台滑雪世界杯系列赛年度总冠军以及两次历史悠久的跳台滑雪殿堂级赛事——四山巡回赛（Four Hill's Tournament）冠军的荣誉。除此之外，尼坎宁还曾5次刷新跳台滑雪的飞行距离世界纪录，刷新这一纪录的次数也排在首位。

1988 年的卡尔加里冬奥会，尼坎宁包揽了个人标准台、个人大跳台和团体大跳台三项冠军，成为该届冬奥会的金牌王，而在 4 年前（1984 年）的萨拉热窝冬奥会，他获得了个人大跳台冠军和个人标准台亚军。

2. **葛西纪明**（Noriaki Kasai）

日本跳台滑雪运动员，1972 年出生于日本北海道，是参加过 8 届冬奥会的历史“第一人”。

2019 年，葛西纪明获得吉尼斯世界纪录证书，以证明他将参加国际雪联跳台滑雪世界杯系列赛的个人纪录扩大到 569 场。吉尼斯世界纪录日本分部当天在社交媒体上发布了颁发证书的视频，47 岁的葛西纪明在视频中说：“我会继续努力，希望再次打破纪录。”作为跳台滑雪的“常青树”，葛西纪明在日本有“传奇”之称。自 1992 年阿尔贝维尔冬奥会以来，他 8 次登上冬奥舞台，这也是葛西纪明所拥有的吉尼斯世界纪录之一。甚至有运动员认为，仅仅是能在冬奥会上与他同场竞技，就足够令人激动。

葛西纪明获得“传奇”二字称呼是有一定缘由的。因为通常跳台滑雪运动员的职业生涯很短，一般来说终止年龄在 30 岁，而葛西纪明却一直坚持到 45 岁，把自己修炼成了一个“传奇老手”。30 岁后，葛西纪明认识到自己毫无章法的努力是完全无济于事，于是大幅调整身心层面的训练方法，用全新的、适合自己的方法去努力。只要找到适合自己的方法，必定会有事半功倍的收获。人无论活到多大岁数，都可以使自己持续成长。他在无数次碰壁后，终于在不惑之年找到了让自己保持最佳状态的方法。41岁时，他取得了职业生涯中的最佳成绩——索契冬奥会一枚银牌（个人大跳台）和一枚铜牌（团体大跳台）。

他不相信衰退，他说："真正衰退的人，正是因为已经接受了自己的正在衰退这个现实。"他取得成功的原因不只是找到了适合自己的方法，还有自律。自律的人运气都不会太差，自律给人带来运气的同时，还能顺便击退衰老。葛西纪明说："自己的梦想，要通过正确的努力方式才能实现。"

十八、我国跳台滑雪队——一支年轻的队伍

跳台滑雪在我国还是一个新兴的运动项目，在2006年的都灵冬奥会上，首次出现了中国跳台滑雪运动员的的身影——李洋。

2018年平昌冬奥会，常馨月拿到了最后一个珍贵的参赛资格，并在比赛中获得女子个人标准台第20名的成绩，实现了中国女子跳台滑雪在冬奥会上的突破。

2021年9月4日—5日，国际雪联跳台滑雪积分系列赛在斯洛文尼亚举行，跨界跨项入选国家跳台滑雪集训队的中国运动员彭清玥获得女子个人标准台冠军，实现中国运动员参加国际雪联跳台滑雪积分系列赛金牌“零”的突破。

在 2021 年 9 月中旬结束的国际雪联跳台滑雪夏季大师赛俄罗斯站比赛中，中国国家跳台滑雪集训队的董冰和彭清玥分别获得女子组第 12 名和第 17 名。

目前，中国国家跳台滑雪队共有 20 名运动员——男子 12 人，女子 8 人。其中一部分运动员是通过跨界跨项选拔脱颖而出的。例如，宋祺武曾经是一名跨栏项目的运动员，15 岁改学跳台滑雪，经过短短 3 年的训练已打破大跳台滑雪的全国记录。

早期，吉林省是中国跳台滑雪唯一的运动员选拔点。自国家跳台滑雪集训队实施“跨界跨项人才储备策略”以来，已有 15 个省市近百名运动员在从事跳台滑雪运动，其中部分年轻运动员已成为主力军。

十九、北京冬奥会跳台滑雪观赛指南

国家跳台滑雪中心将承担 2022 年北京冬奥会跳台滑雪以及北欧两项（跳台滑雪）的比赛。国家跳台滑雪中心是我国首座符合国际标准的跳台滑雪场地，也是张家口赛区冬奥会场馆群建设中工程量最大、技术难度最高的竞赛场馆。其跳台剖面与中国传统吉祥物——如意的 S 形曲线契合，因此被形象地称为“雪如意”。

2022 年北京冬奥会跳台比赛将产生 5 枚金牌。

北京冬奥会跳台滑雪比赛的赛程见表 3－1。

表 3－1 北京冬奥会跳台滑雪比赛的赛程

<table>
<tr><th>日期</th><th>比赛
开始时间</th><th>项目</th><th>比赛
场地</th><th>地址</th></tr>
<tr><td rowspan="2">2022－02－05</td><td>14:20</td><td>男子个人标准台资格赛</td><td rowspan="8">国家跳台滑雪中心</td><td rowspan="8">河北省张家口市崇礼区古棋路</td></tr>
<tr><td>18:45</td><td>女子个人标准台决赛</td></tr>
<tr><td>2022－02－06</td><td>19:00</td><td>男子个人标准台决赛</td></tr>
<tr><td>2022－02－07</td><td>19:45</td><td>混合团体标准台</td></tr>
<tr><td>2022－02－11</td><td>19:00</td><td>男子个人大跳台资格赛</td></tr>
<tr><td>2022－02－12</td><td>19:00</td><td>男子个人大跳台决赛</td></tr>
<tr><td>2022－02－14</td><td>19:00</td><td>男子团体大跳台</td></tr>
</table>

参考文献

[1] 冬奥竞赛项目知识介绍片之跳台滑雪 [EB/OL]. (2019－05－09) [2020－12－22]. https://www.beijing2022.cn/a/20190509/007171.htm.

[2] “高科技＋中国速度”！中国冰雪备战冬奥有了“秘密武

器”[EB/OL].(2020－11－20)[2020－12－22]. https://baijiahao.baidu.com/s?id=1683871758854476233&wfr=spider&for=pc.

[3] 科技主导冬奥：新型滑雪服如防弹衣，雪橇车仿F1提速[EB/OL].(2014－09－21)[2020－12－22]. http://shizheng.xilu.com/20140921/1000150003112788.html

[4] 跳台滑雪最伟大选手离奇去世 暴力狂兼金唱片歌手[EB/OL].(2019－02－05)[2020－12－22]. http://sports.sina.com.cn/others/winter/2019－02－05/doc－ihrfqzka3775198.shtml.

[5] 历史第一人！日本45岁老将葛西纪明第8次战冬奥[EB/OL].(2018－01－08)[2020－12－22]. http://sports.sina.com.cn/o/2018－01－08/doc－ifyqkarr7977460.shtml.

[7] 出战世界杯569场 葛西纪明获吉尼斯世界纪录证书[EB/OL].(2020－05－06)[2020－12－22]. https://baijiahao.baidu.com/s?id=1665951785538781192&wfr=spider&for=pc.

[8] 北京冬奥组委．北京2022年冬奥会竞赛日程　第十一版[Z]. 2021.

第四编
北欧两项

NORDIC COMBINED

北欧两项——冬奥会上唯一的只有男子参加的项目。

一、什么是北欧两项?

顾名思义，北欧两项起源于北欧国家，在挪威和瑞典流传很长时间，又称北欧全能。一名选手须先后完成跳台滑雪和越野滑雪两个项目［两者被统称为北欧式滑雪(Nordic skiing)］。该项目综合考察选手的速度、技巧、表演等能力，是勇气与毅力的比拼。北欧两项在 1883 年被列入霍尔门科伦滑雪节竞赛项目，20 世纪初开始向世界推广，1924 年被列为首届冬奥会比赛项目，1988 年卡尔加里冬奥会开始设北欧两项团体项目，2002 年盐湖城冬奥会上新增加了个人大跳台项目。

二、北京冬奥会北欧两项有什么项目?

只设三个男子项目：个人跳台滑雪标准台/越野滑雪 10 公里（Individual Normal Hill/10 km)、个人跳台滑雪大跳台/越野滑雪 10 公里（Individual Large Hill/10 km)、团体跳台滑雪大跳台/越野滑雪 4 ×5 公里接力（Team Large Hill/4 ×5 km)。

不设女子项目。

三、北欧两项是最“man”、难度最大的冬奥项目

参加北欧两项的运动员们综合比拼跳台滑雪和越野滑雪。跳台滑雪考验运动员的胆量和技术，而越野滑雪则考验选手速度和体力。因此，这个项目要求运动员同时掌握2个项目的技术特点：既要具备精确的身体姿态控制能力和突出的跳跃能力，也要有快速越野滑行的能力。简单地说，就是既要跳得远，又要滑得快。这也是滑雪比赛中难度最大的一项。

迄今为止，冬奥会只有一个项目不设女子比赛，这就是北欧两项。因此，冬奥会的北欧两项比赛也被称作是“男子汉的较量”。

四、冬奥会北欧两项为什么没有女子项目？

北欧两项是跳台滑雪和越野滑雪结合的项目，非常考验选手的综合能力。跳台滑雪需要运动员具备起跳的瞬间爆发力和空中飞行阶段的身体协调能力，越野滑雪则需要运动员具备强大的心肺能力及持久耐力、力量。但爆发力和耐力是两个此消彼长的能力，北欧两项的选手就需要在这两种能力中寻求最佳的平衡点，所以男性的身体机能使其更加容易掌控这些技术。但是实际上北欧两项是允许女运动员参与的，只是女子项目开展得比较晚，被列入国际性比赛更是只有不到6年的历史，直到2021年才首次成为国际雪联世界滑雪锦标赛的正式比赛项目。

作为奥运项目的“试验田”，2020年洛桑冬季青年奥运会首次设置北欧两项女子项目——女子个人跳台滑雪标准台/越野滑雪4公里，该项目的金牌被奥地利选手丽萨·希纳尔收获。鉴于北欧两项女子项目在世界上发展还不够成熟，国际奥委会没有同意2022年北京冬奥会设立北欧两项女子项目，但是当前世界各国都在积极开展北欧两项女子项目，相信假以时日，北欧两项的女运动员必定能在冬奥赛场上一展身手。

五、北欧两项奇妙的“秒算”积分方法

冬奥会的北欧两项比赛，运动员先比跳台滑雪再比越野滑雪，中间间隔2～3个小时，以利于运动员恢复身体机能。运动员在跳台滑雪比赛中取得的成绩将决定他们后续在越野滑雪比赛中的出发顺序和间隔时间。个人项目中，运动员在跳台比赛中每落后于领先者1分，越野滑雪比赛就要推迟4秒钟出发，第一个到达终点的运动员即为冠军。团体项目中，各队比拼越野滑雪的4名队员，依出

场顺序分别佩戴红、绿、黄、蓝色号码布，不可更改，第一棒运动员出发顺序和间隔时间由跳台滑雪全队总分决定，其他队伍每落后领先队伍 1 分则推迟 1.33 秒出发，第二、第三和第四棒运动员在接力区等候交接。各队名次由第四棒运动员到达终点的顺序决定，先到者夺冠。所以说，跳台滑雪成绩对于之后的越野滑雪还是有着很大的影响的。

六、如何选拔“最优秀的雪上运动家”？

北欧两项是对运动员爆发力和耐力的严峻考验，参赛运动员要兼具跳台滑雪的勇气、越野滑雪的耐力以及两者的技术。作为曾经为挑选全能冬季运动员而举行的选拔赛，北欧两项号称是选拔“最优秀雪上运动家”的项目。

1. 个人跳台滑雪标准台/越野滑雪 10 公里

运动员首先需在 90 米高的跳台进行跳台滑雪比赛，然后进行 10 公里的越野滑雪比赛。跳台滑雪比赛，每位运动员试跳两次，以“姿势分”和“距离分”计算运动员的总成绩。运动员在起跳前的滑行时速可达到 90 公里左右。运动员身体向前伸展，这种姿势决定了其最终的跳跃距离。运动员在空中将身体放平靠近雪板，双手自然向后，雪板呈“V”字形，选手在空中飞行时距离坡面的高度不超过6米。5位裁判分别对运动员空中飞行姿态的准确性、完美性、稳定性和整体稳定性进行严格的评分（由最低的0分到20分），然后把最佳和最差的成绩去掉，最后将剩下的3个分数相加起来，满分60分。而“距离分”方面，当选手在跳台滑雪中着陆位置达到K点（原定目标）时，可获得60分，而每超过或不足K点1米，将在60分的基础上相应地加上或减掉1.5分。选手两次试跳的分数中最高者作为其在跳台滑雪比赛的成绩，得分愈高排名愈靠前，后面选手与第一名选手的得分之差将换算成相应时间。

选手们在跳台滑雪比赛结束后休息2～3小时就开始越野滑雪的角逐，跳台滑雪成绩最佳者将首先出发，其后的运动员会根据自己与首名运动员分数之差距所换算的时间间隔出发，进行10公里的越野滑雪，最早到达终点的就是优胜者。

2. 个人跳台滑雪大跳台/越野滑雪10公里

形式类似个人赛标准台，只是运动员要在120米高的跳台上进行跳台滑雪，之后进行10公里的越野滑雪。

七、北欧两项传奇人物

1. 乌尔里希·韦林（Ulrich Wehling）

民主德国运动员。1972 年、1976 年和 1980 年冬奥会，韦林夺得北欧两项三连冠（当时北欧两项只设有一个小项而已），是冬奥会历史上第一位在同一个项目中取得三连冠的运动员。

2. 桑帕·拉尤宁（Samppa Lajunen）

芬兰运动员拉尤宁在 1998 年长野冬奥会获得两枚银牌，2002 年盐湖城奥运会包揽全部三个项目的金牌，是到目前为止唯一达成此纪录的北欧两项运动员。

3. 埃里克·福伦泽尔（Eric Frenzel）

德国人福伦泽尔是北欧两项历史上最为成功的运动员之一。2014 年和 2018 年冬奥会，他蝉联了北欧两项男子个人跳台滑雪标准台/越野滑雪 10 公里的金牌，2018 年还获得男子团体越野滑雪大跳台/越野滑雪 4 ×5 公里接力金牌，三届奥运会（2010 年、2014 年和 2018 年）共获得 3 金 1 银 1 铜。在世锦赛中，他获得 7 金 7 银 3 铜。2013—2017 年，他连续 5 个赛季获得世界杯系列赛总冠军。

八、北欧两项在中国的发展

北欧两项项目在中国开展较晚，中国北欧两项运动员在实力上与国际高水平运动员相比还有很大差距。中国北欧两项国家队队员都是20岁左右的年轻运动员，最大的21岁，最小的16岁。

2016年9月，国家体育总局冬季运动管理中心和黑龙江省正式签订《共建国家北欧两项队合作协议》，对于北欧两项国家队的组建起到了积极的推动作用。2017年，中国北欧两项国家队正式成立。目前，中国已经成立了两支北欧两项国家队，除了黑龙江省队外，还有后来组建的吉林市队。两支队伍在训练内容上分工明确，黑龙江省队主要组织开展北欧两项中的越野滑雪项目，由葛达任教练，队员共有7名；吉林市队主要组织开展北欧两项中的跳台滑雪项目，由柴明发任教练，队员共有2名。在队伍建设上，除了教练员和运动员外，还配备了医务人员、体能教练等，为训练和比赛提供全方位的保障。

国家队在队员选拔上，主要参照两项指标：其一，有扎实的越野滑雪或跳台滑雪基础，队员中雪龄最短的也有2年，最长的则达到了5年；其二，低龄化，年龄区间在15～24岁，这是为了保证运动员的体能素质跟得上训练要求。

目前国内除了原有的黑龙江亚布力、吉林北大壶滑雪场外，还新建设了河北涞源、张家口“雪如意”等高精尖场地，以满足运动员的训练的需求。

北欧两项洲际杯（FIS Continental Cup）美国站比赛于2018年12月14—15日举行，这是中国北欧两项国家队建队以来首次参与国际赛事的角逐，标志着中国运动员正式站在了北欧两项的国际赛场，这对于我国北欧两项项目有着里程碑式的意义。中国队派出了男子运动员赵子贺、赵嘉文、孙建平、赵立新和女子运动员董冰参加本站比赛。虽然这是我国运动员是第一次参加国际比赛，但是他们初生牛犊不怕虎，面对世界高水平运动员时毫不退缩，迎难而上。男子个人项目，赵嘉文获得第33名，赵子贺获得第37名；女子个人项目，董冰获得第10名。

2019年第二届全国青年运动会，北欧两项的比赛在吉林省吉林市北大壶滑雪场落幕，参赛运动员的年龄都在15～18岁，这是我国为北京冬奥会储备的力量。最终，来自山西太原的赵嘉文、王思佳分别斩获了男子和女子个人项目的冠军。

九、北京冬奥会北欧两项观赛指南

2022 年北京冬奥会北欧两项的比赛场馆为国家跳台滑雪中心和国家越野滑雪中心，分别举行跳台滑雪和越野滑雪的比赛。这两个场馆都位于张家口市崇礼区古棋路，直线距离仅 600 多米，步行十分钟左右即可从前一个场馆到达另一个场馆。

2022 年北京冬奥会北欧两项比赛将产生 3 枚金牌，均是男子项目。选手先比跳台滑雪，休息 3 小时后，再比越野滑雪。

北京冬奥会北欧两项比赛的赛程见表 4 – 1。

表 4－1　北京冬奥会北欧两项比赛的赛程

日期	比赛开始时间	项目	比赛场地	地址
2022－02－09	16:00	男子个人标准台	国家跳台滑雪中心	河北省张家口市崇礼区古棋路
	19:00	男子个人越野滑雪10公里	国家越野滑雪中心	
2022－02－15	16:00	男子个人大跳台	国家跳台滑雪中心	
	19:00	男子个人越野滑雪10公里	国家越野滑雪中心	
2022－02－17	16:00	男子团体大跳台	国家跳台滑雪中心	
	19:00	男子团体越野滑雪4×5公里接力	国家越野滑雪中心	

参考文献

[1] 冬奥竞赛项目知识介绍片之北欧两项［EB/OL］.（2019－05－09）［2020－12－22］. https：//www. beijing2022. cn/a/20190509/007072. htm.

[2] 冬奥会上北欧两项为什么没有女子项目［EB/OL］.（2020－09－17）［2020－12－22］. https：//baijiahao. baidu. com/s？ id = 1678023827120283785&wfr = spider&for = pc.

[3] 历史性时刻：冬青奥会决出奥运序列首枚北欧两项女子金牌［EB/OL］.（2020－01－19）［2020－12－22］. https：//baijiahao. baidu. com/s？ id = 1656140166118905945&wfr = spider&for = pc

[4] 北欧两项［EB/OL］.［2020－12－22］ http：//2018. cctv. com/events/nordic_ combined/index. shtml.

[5] 北欧两项［EB/OL］.（2020－01－21）［2020－12－22］. http：//www. 81. cn/2020zt/2020－01/21/content_ 9722711. htm.

[6] 叶鸣. 冬季奥运会体育欣赏［M］. 上海：立信会计出版社，2018.

[7] 北欧两项世界杯收官 福伦泽尔创纪录五连冠［EB/OL］.（2017－03－02）［2020－12－22］. http：//www.

xinhuanet. com//sports/2017 -03/20/c_ 1120655607. htm.
［8］国家体育总局冬季运动管理中心与黑龙江省体育局签约共建国家北欧两项队［EB/OL］．（2016 -09 -24）［2020 -12 -22］．https：//www. sohu. com/a/114991159_ 503567.
［9］科普：北欧两项［EB/OL］．（2021 -02 -23）［2021 -09 -30］．https：//www. sohu. com/a/452197292_ 120207621.
［10］冬奥会北欧两项分项简介［EB/OL］．（2020 -02 -21）［2020 -12 -22］．https：//baijiahao. baidu. com/s？ id =1659104666202971114&wfr = spider&for = pc.
［11］北欧两项洲际杯上中国运动员首次参赛开创新历史［EB/OL］．（2018 -12 -1）［2020 -12 -22］. https：//www. chnzbx. com/index. php？ a = nrinfo&id =2943.
［12］北京冬奥组委．北京2022年冬奥会竞赛日程　第十一版［Z］．2021.

第五编 自由式滑雪

FREESTYLE SKIING

自由式滑雪是冬奥会产生金牌最多的雪上项目，堪称“雪上杂技”，具有很强的观赏性。

一、什么是自由式滑雪？

自由式滑雪，是一种以双板滑雪板和滑雪杖为工具，在专门的滑雪场上完成一系列规定动作和自选动作的一种雪上竞技项目。它是在高山滑雪的基础上发展而成。自由式滑雪与花样滑冰类似，得分是由表演的艺术效果和竞技水平决定的，它要求运动员具备非常好的平衡能力和空中控制能力。有史料称，自由式滑雪是高山滑雪和杂技相结合的一项运动，有人称它为“雪上蹦床”。1988 年，自由式滑雪中的雪上芭蕾项目被列入冬奥会表演项目（却从未成为正式比赛项目）。1992 年，雪上技巧率先成为冬奥会正式比赛项目，而其他小项则在此后的几届冬奥会上陆续被设为比赛项目。

二、自由式滑雪有多“自由”？

从自由式滑雪所设的项目（表 5－1）来看，共有 6 大类，小项达 13 个，且男女均有，不同小项有不同特色。自由式滑雪是所有冬奥项目中设立小项最多的。

表 5-1 北京冬奥会自由式滑雪的小项

男子项目	女子项目	混合项目
空中技巧	空中技巧	空中技巧混合团体*
雪上技巧	雪上技巧	—
障碍追逐	障碍追逐	—
U 型场地技巧	U 型场地技巧	—
坡面障碍技巧	坡面障碍技巧	—
大跳台*	大跳台*	—

*自由式滑雪男子大跳台、女子大跳台和空中技巧混合团体是2022 年北京冬奥会新增的小项。

从技术分类来看，自由式滑雪的基本技术分为非空翻和空翻两类。

A：非空翻技术动作，包括纵大一字跳、横大一字跳、哥萨克跳、直体上肢扭摆 90 度、跳台飞跃姿势、后屈小腿挺身跳、后屈小腿扭摆、直体转体 360 度、直体转体 720 度，以及上述动作的重复或几个动作的组合。

B：空翻技术动作，包括前空翻、后空翻和侧空翻三个方向的翻转加上转体组成的技术动作，而且翻转中身体姿势又分为团身、屈体和直体。

也就是说，基本上人类能够想象到的在空中做出来的动作在自由式滑雪项目中基本都包含了。各种令人眼花缭乱的跳跃、转体、空翻，给了运动员在空中最大的“自由”发挥空间。

三、如何看懂自由式滑雪

1. 空中技巧（Aerials）

运动员要在从平台跃起到落地的时间和空间内做各种空翻转体动作。

裁判根据动作的难度系数及完成质量进行评分。裁判给运动员打出的动作完成分（由腾空起跳分、空中动作分和着陆动作分）乘以难度系数就是这个动作的最终得分。

空中技巧比赛分为资格赛和决赛两个阶段。资格赛时每人试跳两次，取得分较高的一次作为预赛成绩，得分多者名次列前，前 12 名获得决赛资格。决赛阶段采取三轮淘汰赛形式（每轮各一次试跳机会），第一轮结束后根据得分情况淘汰最后三名选手，但该轮得分不计入下一轮；第二轮同样淘汰最后三名选手，该轮得分亦不计入下一轮；最后剩下 6 名选手参与奖牌轮角逐，以该轮试跳的得分决定奖牌归属。这就要求运动员在决赛中保持稳定发挥，因为一旦有任何一跳表现不好，就无缘奖牌，甚至无法进入下一轮。

2. 雪上技巧（Moguls）

比赛场地多建在陡峭的斜坡上，坡上设置了密集的雪包，以及上下两处跳台，运动员要顺斜坡而下完成比赛。

运动员在下滑的时候，目标就是以最快速度到达终点，同时，在滑行过程中他们要借助跳台表演两个跳跃，雪上跳跃包括360～1080度旋转、侧翻、跳跃、前后空翻等各种的动作。

5名裁判对选手的回转动作的完成质量等评分，2名裁判对选手的空中动作完成质量等评分。选手的最终成绩就是回转动作分、空中动作分和滑行用时三项之和。

雪上技巧比赛的赛制与空中技巧比赛相同，决赛阶段要经过三轮的淘汰赛才决出最后名次。

3. **障碍追逐**（Ski Cross）

障碍追逐是4名选手同场比拼的竞速项目，比赛在一个包含有各种弯道、跳台、波浪道等障碍、地貌的赛道中进行。赛道长度800～1300米，垂直落差140～260米，坡度5～22度。场地上设有旗门，相邻的旗门以不同颜色来区别。

障碍追逐赛分为两个阶段。预赛阶段以完成比赛的用时来确定运动员名次，排名靠前者可以入围淘汰赛。淘汰赛的各个阶段，运动员被分入不同的小组（每组4人）比赛，前两名到达终点者可以晋级下一阶段。经过多轮淘汰后剩下4名运动员参加大决赛（Big Final），争夺奖牌。

4. **U型场地技巧**（Half-pipe）

运动员穿上滑雪板（双板），在U型滑道内借助滑坡助滑起跳，利用身体和双脚来控制方向，在空中完成空翻、转体、抓板等各种高难动作，主要技术动作有跃起抓板、跃起非抓板、倒立、跃起倒立、旋转等。

6 名裁判根据运动员完成动作的高度、转体、技巧、难度等整体效果进行评分，满分为 100 分，去掉最高分与最低分后，剩下的 4 个得分的平均值则为选手该轮比赛得分。每名选手要完成 3 轮比赛，取其中分数高者为其最终成绩，排定最后名次。

5. 坡面障碍技巧（Slopestyle）

选手需要在高速通过赛道上的各种障碍时，在一系列固定的道具上连续完成花式动作，如飞行、跳跃、翻腾等，展示自己高超的技巧和创意。

比赛赛道上设有坡面、跳台、轨道、平台、栏杆等，也可以划分为街道障碍区以及跳台区。

6 名裁判根据运动员动作的难度、编排（创新性、多样性）和完成情况打分，满分为 100 分，去掉最高分和最低分后，取剩下的 4 个得分的平均值，即为运动员该轮比赛的得分。每名运动员要完成 3 轮比赛，取其中分数高者为其最终成绩，排定最后名次。

动作难度：不只取决于转体的圈数，还与起跳、落地方式、抓板等都有关系，连续高难动作组合（combo）的得分也会高于在两个高难动作中间夹杂简单动作。

创新性：尝试之前没有人做过的动作，推动整项运动的发展，裁判一般会把最高分预留给全新的动作。

多样性：考验选手的综合能力，通过要求运动员在一轮比赛内使用各种不同的起跳、旋转和抓板的方式，防止运动员“偏科”。

完成情况：空中抓板的时长，落地位置是否为最优，落地时有没有手触地、侧滑，在街道障碍区上有没有提前掉下来，等等。

6. **大跳台**（Big Air）

大跳台比赛中，运动员从近50米高的斜坡上往下滑，可顺滑，也可倒滑；然后在斜坡的尽头腾跃，完成空翻、转体、抓板等技术动作组合。

裁判依据动作的完成度、难度、腾空高度、多样性和创新性进行打分。每名运动员要完成3轮比赛，从3轮得分中取最高的2轮得分相加后即为该运动员的最终比赛成绩，排定最后名次。

完成度：动作是否能完成，比较直观地说就是落地时有没有摔倒。

难度：不同难度的动作会带来不同的分数。例如，两圈转体（720度）比一圈转体（360度）难度更大，分值自然更高，两周的偏轴转体分值也自然是高于一周的偏轴转体。

腾空高度：如果运动员腾空的高度比另一个运动员要高的话，裁判给他的分数相对来说要高。

多样性和创新性：比如说第一跳运动员可以选择做一个转体，第二跳可以选择做一个偏轴空翻。倒滑也算是一个新的方向，给动作带来了不同的难度。

四、夏天怎么练自由式滑雪空中技巧：跳水

7 月，在国家体育总局秦皇岛训练基地，自由式滑雪空中技巧国家集训队的队员启动“水池训练”，这也是他们锤炼技术的关键阶段。在水池训练中训练滑行、起跳和空中动作，队员们基本可以做到完全模拟实地雪上练习，也就是说，整套技术动作的前 2/3 可以在水池训练中完成，至于落地动作一般等到冬天再到雪地上去完善。水池训练带给自由式滑雪运动员的益处是能在更为安全的条件下掌握新动作或高难度动作，为雪地训练奠定良好的基础。相比于直接在条件较为恶劣的冰天雪地里进行一整套训练，水池训练的成功率更高，受伤风险更低。

特殊的装备：在进行水池训练时，运动员需要穿着潜水衣和特制的雪板才能跳水。滑雪板的前、后方都打了较大的孔，以缩小雪板与水面的接触面积，减轻队员入水时受到的冲击。水池底部藏有“玄机”：在运动员下滑落水之前，水池一侧的控制装置会在水中对应的位置生成大量气泡。通过向上打气泡，可以降低水面的“硬度”，运动员落入气泡泛起的水面可以降低自己受伤的概率，也是对其身体的一种保护。

五、为什么自由式滑雪空中技巧运动员落地时不会摔伤？

自由式滑雪空中技巧是一项危险系数较高的运动项目，并且其所包含的技术动作难度系数很高，因此在世界范围内能够开展这个项目的国家并不多。

那么，为什么在比赛中，空中技巧运动员能够在空中飞行，然后平稳的降落到地面上呢？

北卡罗来纳大学的物理学教授格博分析指出：“如果进行这样一次跳跃，运动轨迹就会呈抛物线，运动员们保证自己毫发无损的技巧就在于他们起跳和着陆时都不是与地面完全垂直的。为滑雪者设计的赛道是经过计算的，他们起跳和着陆时的‘轨道’是和他们抛物线的轨迹吻合的。”

实际上，空中技巧起跳台和落地坡都是抛物线的构造，这和运动员的运动轨迹基本一致。运动员着陆的时候向下坠落的力和落地坡的力形成夹角把原本应该向下的力转为斜面上的加速力，所以我们一般看到的都是运动员们轻松落地。

如果人直接从空中掉下来，坚硬的地面会使其速度立刻降为零，这种剧烈减速的力量在身体上分布不均匀，会对人体造成极大的伤害。但如果是降落在坡道上，虽然地面不太平缓，但对于滑雪者来说，速度的变化会要慢得多。落下时，人会因惯性向前滑行很长一段距离，这样就基本化解了高处落下时产生的垂直力，并且雪地与硬地的硬度有较大差别，除非发生意外，如“倒栽葱”什么的，运动员一般不会有生命危险。

六、自由式滑雪空中技巧：空中的舞者

精准度、勇气、美感、优雅和力量的展现，运动员需要在短短 4 秒钟之内完成不同姿态的空翻、转体，这就是自由式滑雪空中技巧。运动员寻求的不是最快速度，而是最佳速度。运动员们需要在起跳后的半秒内从 0 度旋转至 80 度，任何轻微的偏差都可能导致非常严重的失误，即使身体的角度只差了 1 度，都可能影响下一个动作的衔接，进而无法完成后续动作。

自由式滑雪空中技巧项目中，运动员们从助滑坡上端往下滑，到达尽头后滑上跳台，起跳、腾空，10 米之后，选手们就成为空中的舞者：运动员在起跳瞬间，双腿和手臂要伸直成一条线，雪板保持在合适的角度，通常和运动员呈 90 度，手臂在空中始终处于运动状态，这样，运动员才能控制转体；双臂上扬可以保持更稳定地旋转，双腿伸直可以保证动作的优美度。3 次后空翻，再加 5 次转体，落地时使整个身体和地面近乎保持垂直的姿势，运动员如同空中的流星在瞬间展现出行云流水、惊为天人的舞姿。

七、什么是自由式滑雪坡面障碍技巧赛？

自由式滑雪坡面障碍技巧赛可谓“又美又飒”！

自由式滑雪坡面障碍技巧赛常见的场地分为街道障碍区和跳台区。街道障碍区包括各种式样的障碍，如沟渠、道具杆、轨道或连接段。正是有了这些障碍物，才给比赛带来了很大的未知性与不确定性，比赛时完全看运动员临场发挥，因此，坡面障碍赛带给观众的观赏体验十分新奇！

街道障碍区：运动员通过时，需要使出各种旋转或翻转动作跳上和跳下障碍，并在障碍顶部或侧面进行滑行，主要考验选手的平衡能力和精确控制能力。

在跳台区，运动员要在大约 2 秒的滞空时间内完成各种高难度的旋转动作，这主要考验运动员的动作编排的创意与动作完成度。

运动员从出发开始，遇到每个障碍都需要完成一定难度的动作，裁判会依次对每个技巧打分。虽然比赛时每个动作都是分别完成的，但只要其中一个环节落地不稳，就很容易造成失速，以致无法去做后续的动作，因此只有每个动作都保证完美地落地，一轮比赛的整体流畅性才能得到保障。

八、自由式滑雪大跳台——“视觉的盛宴”

大跳台追求的是，在大的空间里，运动员利用足够的高度和速度做出高难度的、富有想象力的、完美的动作，给裁判以及给观众们带来一场视觉的盛宴。运动员要从一道49米高的斜坡上滑下来，在斜坡的尽头靠惯性把自己甩出去，将滑雪板“射”向天空，在这个短暂的过程中，运动员需施展灵巧、壮观的特技。大跳台考验运动员观察以及感受的能力，因此带有一些随机应变和自我控制的因素。

九、自由式滑雪传奇人物

1. **大卫·怀斯**（David Wise）

美国自由式滑雪运动员，U 型场地技巧项目的代表性人物。2014 年索契冬奥会，U 型场地技巧项目被列为冬奥会正式比赛项目，怀斯赢得了自由式滑雪男子 U 型场地技巧比赛历史上的首枚奥运金牌，2018 年平昌冬奥会卫冕成功。此外，他还获得 1 次世界锦标赛冠军、4 次世界冬季极限运动会冠军。

2. **迈克尔·金斯伯里**（Mikaël Kingsbury）

加拿大自由式滑雪运动员，当今公认的该项目第一人。金斯伯里的主项是雪上技巧。2010 年1 月，他首次在世界杯系列赛上登场，被评为世界杯年度新秀。2010 年 12 月，他第一次赢得世界杯系列赛分站冠军，当时只有 18 岁。20 岁时，他首度夺得象征世界杯系列赛年度总冠军的大水晶球。2014 年索契冬奥会，他不敌队友亚历克斯·比洛多，获得男子雪上技巧项目银牌；2018 年平昌冬奥会，他终于如愿以偿夺得该项目金牌。他 6 次夺得世锦赛冠军。在自由式滑雪世界杯系列赛上，他连续 9 个赛季夺得年度总冠军和雪上技巧单项总冠军，65 次在分站赛上夺冠。

十、我国优秀的自由式滑雪运动员

1. 韩晓鹏：中国首位雪上项目冬奥会冠军

中国早在1989年就正式开展自由式滑雪空中技巧项目。比起冰上项目，中国在雪上项目上基础相对薄弱，而空中技巧这种以灵活和技巧见长的项目就成为中国雪上项目的突破口之一。

从1998年长野冬奥会开始，空中技巧就一直是中国代表团雷打不动的奖牌争夺点。在我国获得的众多奖牌中，还有一枚珍贵的金牌。2006年都灵冬奥会上，23岁的韩晓鹏惊世一跃摘下自由式滑雪空中技巧项目金牌，实现了中国人在冬奥会雪上项目以及男子项目金牌“零”的突破。

韩晓鹏个人战绩：2006年都灵冬奥会金牌，2007年世锦赛金牌，2007年亚冬会金牌。

2. 谷爱凌：自由式滑雪新星

2003年出生的中美混血儿谷爱凌被誉为自由式滑雪的“天才少女”。在母亲和外祖母的影响下，她选择了加入中国国籍，并立下了为中国赢得2022年北京冬奥会金牌的目标。而在这之后，她已为中国赢下了多项荣誉，其中就包括2020年洛桑冬青奥会自由式滑雪女子U型场地技巧、大跳台金牌和坡面障碍技巧银牌；2021 年自由式滑雪世界锦标赛女子 U 型场地技巧、坡面障碍技巧冠军和大跳台季军；2021 年世界冬季极限运动会女子 U 型场地技巧、坡面障碍技巧冠军和大跳台季军。她实现了中国雪坛的多项突破，也为中国滑雪界赋予了新的希望。

3. 李妮娜：“雪上公主”

李妮娜曾是中国自由式滑雪队的当家花旦，擅长空中技巧项目。她是中国自由式滑雪项目第一个世界杯系列赛年度总冠军，第一个获得空中技巧世界排名第一，第一个获得世界锦标赛冠军。在个人的运动生涯中，她先后夺得 2006 年和 2010 年冬奥会女子空中技巧项目亚军，连续三届拿下世锦赛金牌（2005 年、2007 年、2009 年），并且两次获得自由式滑雪世界杯系列赛年度总冠军。

4. 徐囡囡：中国雪上项目奖牌零的突破

徐囡囡以动作质量高和落地稳而闻名世界，动作难度排进了世界前 10 名。从 1996 年参加比赛以来，她在亚冬会、世锦赛、世界杯等重大比赛中多次获得冠军和亚军。1998 年长野冬奥会，徐囡囡获得一枚宝贵的银牌，实现了中国雪上项目奖牌零的突破。这些沉甸甸的奖牌，全都是徐囡囡在训练中一跤一跤“摔”回来的。人的意志是很强大的，徐囡囡真诚地说，她相信任何一个人到了这个时候都不会放弃，因为那是自己的梦想，自己必须为了梦想而战斗到最后一刻。2006 年参加完都灵冬奥会之后，徐囡囡退役了。虽然不能再参加比赛，但她仍然没有离开自己心爱的滑雪事业。现在在沈阳体育学院竞技体校当老师的徐囡囡，专门教授自由式滑雪空中技巧项目课程。

十一、北京冬奥会自由式滑雪观赛指南

北京冬奥会自由式滑雪比赛场馆分布在北京和张家口两个赛区，其中大跳台比赛在北京赛区的首钢滑雪大跳台举行，其余小项在张家口赛区的云顶滑雪公园举行。

首钢滑雪大跳台将在北京冬奥会期间承办单板和自由式滑雪大跳台比赛项目。其设计理念源自中国敦煌壁画中传统的飞天造型，从侧面看去，它犹如一只灵动的水晶鞋。赛道结束区未来还可以用于举办演唱会、发布会等大型户外活动。

云顶滑雪公园拥有 U 型场地技巧、坡面障碍技巧、雪上技巧、空中技巧、障碍追逐、平行大回转共 6 个场地，共计将产生 20 块金牌。张家口山地媒体中心位于场馆群内，由云顶大酒店改建而成。云顶滑雪公园不仅是自由式滑雪及单板滑雪国家队的训练基地，也为大众冰雪运动提供了优质场地。

2022 年北京冬奥会自由式滑雪比赛将产生 13 枚金牌，

2 枚在首钢滑雪大跳台产生，其余 11 枚在云顶滑雪公园产生。

北京冬奥会自由式滑雪比赛的赛程见表 5－2。

表 5－2　北京冬奥会自由式滑雪比赛的赛程

<table>
<tr><th>日期</th><th>比赛
开始时间</th><th>项目</th><th>比赛
场地</th><th>地址</th></tr>
<tr><td rowspan="2">2022－02－03</td><td>18:00</td><td>女子雪上技巧资格赛</td><td rowspan="6">云顶滑雪公园</td><td rowspan="6">河北省张家口市崇礼区太子城梧桐大道</td></tr>
<tr><td>19:45</td><td>男子雪上技巧资格赛</td></tr>
<tr><td rowspan="2">2022－02－05</td><td>18:00</td><td>男子雪上技巧资格赛</td></tr>
<tr><td>19:30</td><td>男子雪上技巧决赛</td></tr>
<tr><td rowspan="2">2022－02－06</td><td>18:00</td><td>女子雪上技巧资格赛</td></tr>
<tr><td>19:30</td><td>女子雪上技巧决赛</td></tr>
<tr><td rowspan="2">2022－02－07</td><td>09:30</td><td>女子大跳台资格赛</td><td rowspan="4">首钢滑雪大跳台</td><td rowspan="4">北京市石景山区群前湖西街首钢园</td></tr>
<tr><td>13:30</td><td>男子大跳台资格赛</td></tr>
<tr><td>2022－02－08</td><td>10:00</td><td>女子大跳台决赛</td></tr>
<tr><td>2022－02－09</td><td>11:00</td><td>男子大跳台决赛</td></tr>
</table>

续表 5-2

日　期	比赛开始时间	项　目	比赛场地	地址
2022-02-10	19:00	空中技巧混合团体	云顶滑雪公园	河北省张家口市崇礼区太子城梧桐大道
2022-02-13	10:00	女子坡面障碍技巧资格赛		
2022-02-14	09:30	女子坡面障碍技巧决赛		
	12:30	男子坡面障碍技巧资格赛		
	19:00	女子空中技巧决赛		
2022-02-15	09:30	男子坡面障碍技巧决赛		
	19:00	男子空中技巧资格赛		
2022-02-16	19:00	男子空中技巧决赛		
	09:30	女子U型场地技巧资格赛		
2022-02-17	11:30	女子障碍追逐资格赛		
	12:30	男子U型场地技巧资格赛		
	14:00	女子障碍追逐决赛		
	09:30	女子U型场地技巧决赛		
2022-02-18	11:45	男子障碍追逐资格赛		
	14:00	男子障碍追逐决赛		
2022-02-19	09:30	男子U型场地技巧决赛		

参考文献

[1] 冬奥竞赛项目知识介绍片之自由式滑雪［EB/OL］.（2019-05-09）［2020-12-22］. https://www.beijing2022.cn/a/20190509/007049.htm.

[2] 自由式滑雪空中技巧裁判员打分流程详解［EB/OL］.（2018－02－26）［2020－12－22］. http://k.sina.com.cn/article_6442147169_17ffb5d61001004499.html.

[3] 刘启林. 冬奥会：自由式滑雪的基础、原理和规则［EB/OL］.（2021－08－16）［2021－09－30］. https://zhuanlan.zhihu.com/p/107140689.

[4] 比肩单板颜王麦克莫里斯 雪上技巧冬奥冠军喜提重要荣誉［EB/OL］.（2019－05－09）［2020－12－22］. https://new.qq.com/omn/20200509/20200509A0HU0B00.html

[5] 周帆. "雪上公主"李妮娜［J］. 天津中学生，2009（4）：37.

[6] 为冬季项目倾情 徐囡囡：让更多人喜爱滑雪.［EB/OL］.（2007－11－06）［2020－12－22］. http://sports.sina.com.cn/o/2007－11－06/04203273963.shtml? c=spr_mthz_hao360_sports_ home_t001.

[7] 韩晓鹏简历.［EB/OL］.［2020－12－22］. http://www.gerenjianli.com/Mingren/03/4s61dc4a2c0d0sl.html.

[8] 转角遇大神！自由式滑雪U型场地国家集训队与奥运冠军大卫·怀斯开展交流活动.［EB/OL］.（2018－07－18）［2020－12－22］. http://www.sport.gov.cn/dyzx/n5173/c866278/content.html.

[9] 谷爱凌 [EB/OL]. [2021－09－30]. https://baike.baidu.com/item/谷爱凌/22233526？fr=aladdin.

[10] 北京冬奥组委. 北京2022年冬奥会竞赛日程 第十一版 [Z]. 2021.

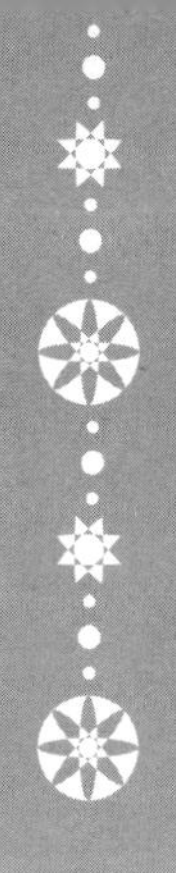

第六编

单板滑雪

SNOWBOARDING

具有自由、时尚、惊险等特点的单板滑雪运动，受到了年轻人的喜爱。旋转翻腾，追逐超越，尽显青春活力，人们乐在其中。

一、什么是单板滑雪？

单板滑雪是一项以一块滑雪板为工具，人体在重力作用下，在规定的山坡线路上快速回转滑降，或在特设的U型场地内凭借滑坡起跳，在空中完成各种高难度动作的雪上竞技项目。单板滑雪结合了冲浪、滑板和滑雪元素，因此又有“冬季的冲浪运动”之称。单板滑雪运动员是用一块滑雪板而不是一对滑雪板来滑行，在滑行过程中利用身体和双脚来控制方向。

20世纪80年代之初，单板滑雪开始风靡美国，之后又传到欧洲。1983年举行了首届世界单板滑雪锦标赛，1990年成立国际单板滑雪联合会（ISF），1994年国际雪联将单板滑雪列为冬奥会正式项目，1998年日本长野冬奥会首次举行了单板滑雪比赛。

单板滑雪的装备主要包括滑雪板、固定器、鞋、衣服、裤子、护膝、护肘、护腕、头盔、雪镜、手套、护腰、毛袜。

二、项目历史

1965 年，美国人 Sherman Poppen 结合了滑雪和冲浪运动器材创意发明出第一块单板滑雪板，取名“Snurfer”［英文单词 snow（雪）和 surfer（冲浪）的结合］。20 世纪 70 年代末，Jake Burton Carpenter、Tom Sims 等人开始在 Snurfer 滑雪板的基础上，借鉴滑板和冲浪板的设计创造出了能够适应不同运动形式和场地环境的单板滑雪板。20 世纪 70 年中期，单板滑雪运动开始兴起，然而由于当时运动员控制雪板的能力较差，经常出现事故，许多滑雪场禁止开展单板滑雪。20 世纪 80 年代中期，单板滑雪运动的热度不仅在美国持续升温，而且迅速传播到了北美其他国家以及欧洲、亚洲各国；与此同时，各国的单板滑雪运动组织纷纷成立，各种单板滑雪竞赛也开始在世界范围内举办。1980 年，在美国滑雪联盟的组织下，第一部单板滑雪竞赛规则出炉。1983 年，亚洲的日本成立了日本单板滑雪协会（JSBA）。1983 年，美国举行了第一次全国单板滑雪比赛。1987 年，欧洲成立了欧洲单板协会（SEA）。20 世纪 90 年代，ESPN（娱乐与体育电视网）、NBC（美国全国广播公司）等主流跨国媒体机构和赞助商意识到单板滑雪运动中存在着巨大商机，于是他们通过 X

Games（世界极限运动会）和 Gravity Games（美国的一项极限运动品牌赛事）等大型赛事的商业化运作将单板滑雪运动推送到大众面前，使单板滑雪这一运动受到了全世界的瞩目。1996 年 1 月 24—28 日，第一届由国际雪联举办的世界单板滑雪锦标赛在奥地利利恩茨举行。单板滑雪竞技运动影响力的扩大引起了国际奥委会的兴趣，在 1998 年长野冬奥会上，单板滑雪运动成为正式比赛项目，当时设有平行大回转和 U 型场地技巧两个小项。这标志着单板滑雪运动成为主流的冬季运动项目。

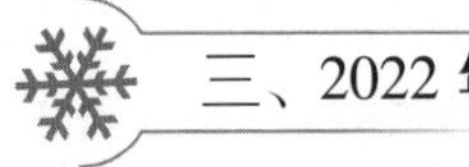

三、2022 年北京冬奥会将举办哪几项单板滑雪比赛?

2022 年北京冬奥会，单板滑雪比赛共有 11 个小项（表 6－1），其中，障碍追逐混合团体是新增小项。

表 6－1　北京冬奥会单板滑雪的小项

男子项目	女子项目	混合项目
平行大回转	平行大回转	—
障碍追逐	障碍追逐	障碍追逐混合团体*
U 型场地技巧	U 型场地技巧	—
坡面障碍技巧	坡面障碍技巧	—
大跳台	大跳台	—

*障碍追逐混合团体是 2022 年北京冬奥会的新增小项。

大跳台（Big Air）：运动员从高处滑行而下，然后通过起跳台起跳，完成各种空翻、转体、抓板等技术动作后落地。裁判根据其动作难度和完成情况打分。

U 型场地技巧（Half-Pipe）：运动员在 U 型滑道内边滑行边利用滑坡做各种旋转和跳跃动作，裁判根据运动员的腾空高度、完成的动作难度和效果评分。

坡面障碍技巧（Slopestyle）：运动员要在由一系列障碍、跳台、栏杆、平台等构成的赛道上进行比赛，途中完成各种空翻、转体、抓板等技术动作。裁判根据其动作难度和完成情况打分。

平行大回转（Parallel Giant Slalom）：两名运动员在平行设置的两条旗门赛道（蓝旗、红旗）同时出发，向下滑降，先行到达终点的运动员为胜利者。

障碍追逐（Snowboard Cross）：4 名运动员在由各种地形障碍构成的赛道上竞速的项目，选手以回转、旋转、跳跃等动作，通过赛道上的各种复杂障碍和地貌如波浪道、雪坝、跳台等，最先到达终点线者为胜。

障碍追逐混合团体（Team Snowboard Cross）：与个人项目不同，团体赛每队派出一男一女两名运动员，男运动员先出发，女运动员后出发，最先到达终点的队伍获胜。

四、单板滑雪小项用的雪板一样吗？

U 型场地技巧比赛在一个 U 型滑道中进行，所以参加这个项目的运动员所使用的雪板底部为弧形，具有短、宽、轻、软的特点，灵活性好，使运动员易于控制和调整滑行姿态。

参加坡面障碍技巧比赛的运动员采用的雪板要利于其在复杂地形中完成多样化的技术动作，比赛时，运动员可在多种地形中选择适合自己的线路做技术动作。

大跳台采用与坡面障碍技巧类似的雪板。

平行大回转的运动员使用竞速类单板，其板身比较长，板前部分略微向下，结构较硬，使运动员高速滑行时保持稳定；板体、板腰部分较窄，使运动员在小半径转弯和快速滑行时更容易控制。

障碍追逐赛采用自由滑行式的雪板，其前后端都向上翘起，运动员向前、向后都可以滑行，从而能够应对各种地形，便于穿越障碍。

五、单板滑雪平行大回转比赛选手如何 PK？

两名运动员在平行设置的两条旗门赛道（蓝旗、红旗）同场比拼，向下滑降，先行到达终点的运动员为胜。

赛道全程至少应设置 18 个旗门（建议设置 25 个）。

一般是两名运动员同时出发，也有错时出发的时候（在两回合的比赛中，首回合获胜的运动员在次回合应首先出发，落败的运动员要稍后出发，两人的出发时间间隔为他们在首回合完成比赛的用时差距）。在红道和蓝道两位运动员都准备好了之后，发令员（出发裁判）会提示“Attention（注意）”，然后按下出发按钮，此时出发门会有 5 秒倒计时出发声音及指示灯提醒。最后一声倒计时音是长鸣，同时绿色指示灯亮起。在倒计时结束后的一刹那，出发门挡板倒下，运动员冲出去完成出发。

六、U 型场地技巧比赛如何观赛？

比赛时，运动员要在长 150～170 米、宽 19～22 米、深 6.7 米、坡度 17～18 度的 U 形滑道内边滑行边利用滑坡做各种旋转和跳跃动作。主要动作有跃起抓板、跃起非抓板、倒立、跃起倒立、旋转等。

6 名裁判员根据选手完成动作的高度、回转、技巧、难度等整体效果评分，满分为 100 分，去掉最高分与最低分，剩下的 4 个得分的平均值为选手该轮比赛得分。每名选手要完成 3 轮比赛，取其中分数最高者为其最终成绩，排定最后名次。

七、极限运动：坡面障碍技巧

坡面障碍技巧又称“单板滑雪自由式比赛”，属于极限运动。在单板滑雪的各种比赛类型中，坡面障碍技巧比赛以赛道长、连续设置多组跳台和道具、充分展现单板动作技巧而成为最具观赏性的比赛项目。该项目也是世界极限运动会的压轴节目。

比赛中，运动员在高速通过赛道上的各种障碍时，先后完成飞行、跳跃、翻腾、旋转等技术动作，展示自己高超的技巧和创意。与其他项目不同，坡面障碍技巧的每条赛道的设计都是独一无二的，因此，参赛者还需要具备很强的随机应变的能力。

比赛进行时，6 名裁判根据运动员的动作编排、难度、临场发挥情况打分，满分为 100 分，去掉最高分和最低分后，取剩下的 4 个得分的平均值即为运动员该轮比赛的得分。每名运动员要完成 3 轮比赛，取其中分数最高者为其最终成绩，排定最后名次。冬奥会坡面障碍赛道起点和终点的高度差最少为 150 米，平均坡度应在 12 度以上，赛道宽度至少应为 30 米，由 6 个以上的赛段（地形 + 跳跃）、3 个以上的跳台构成。

八. 怎样区分眼花缭乱的单板滑雪项目?

单板滑雪与自由式滑雪有多个相同的小项（表6－2），它们赛制相同，评分标准也相同，都有男子、女子两个组别。它们最大区别在于比赛用板，单板滑雪用的是单板，自由式滑雪用的则是双板。

表6－2　单板滑雪与自由式滑雪的相同小项对比

相同的小项	不同之处		相同之处
	自由式滑雪	单板滑雪	
U型场地技巧	双板	单板	赛制相同，评分标准相同，都有男子、女子两个组别
障碍追逐			
坡面障碍技巧			
大跳台			

单板滑雪和自由式滑雪的大跳台项目（Big Air）跟跳台滑雪（Ski Jumping）都离不开跳台，但是三者仍存在一定的不同（表6－3）。

表6－3　跳台相关项目对比

项目	雪板类型	评分依据
单板滑雪大跳台	单板	动作的难度和完成质量
自由式滑雪大跳台	双板	动作的难度和完成质量
跳台滑雪	双板	飞行距离和空中姿态

单板滑雪平行大回转与高山滑雪大回转都是大回转项目，但也有不同，二者的区别见表6－4。

表6－4　大回转相关项目对比

项目	场地	雪板类型	比赛方式
单板滑雪平行大回转	斜坡	单板	淘汰赛
高山滑雪大回转	山地	双板	排名赛

九、单板滑雪传奇人物

1. “飞翔的番茄”——肖恩·怀特（Shaun White）

每当人们谈起单板滑雪时，其脑海中闪现出的第一个身影一定是绰号为“飞翔的番茄”的肖恩·怀特。出生于1986年的怀特，13岁成为美国最年轻的职业单板滑雪运动员，17 岁在世界冬季极限运动会夺冠。在此后十年时间里，他几乎称霸男子单板滑雪 U 型场地技巧的所有大赛。2006 年都灵冬奥会摘得男子单板滑雪 U 型场地技巧冠军，并于 2010 年温哥华冬奥会成功卫冕。在 2014 年索契冬奥会无缘领奖台后，他重整旗鼓，于 2018 年平昌冬奥会以完美表现获得个人第 3 枚奥运金牌。可以说，他是单板滑雪运动中最具影响力和统治力的一位运动员。此外，在世界冬季极限运动会中，怀特一共获得 13 块金牌、3 块银牌、2 块铜牌。其极具个性化的高难度腾空翻转动作，赢得了无数滑雪爱好者的心，也推动了单板滑雪运动在全世界的普及。他是在单板滑雪中首位完成翻腾两周同时转体 1080 度抓板动作，首位完成正向空翻转体 540 度动作，首个完成背后抓板动作的运动员。

2. **“滑雪界的图腾”——克雷格 · 凯利**（Craig Kelly）

36 岁的短暂一生，克雷格 · 凯利演绎了生命极限的传奇。他是“单板滑雪教父”，第一位单板滑雪超级巨星，4 届世界冠军，3 届全美冠军，第一个将单板滑雪带入职业运动的人，也是第一个将单板滑雪推入大山的探路者。20 世纪 90 年代，凯利放弃百万美元的诱惑，前往加拿大与美国的落后山区推广单板滑雪运动。不幸的是，因为一场雪崩，他将大山赐予他的一切成就荣誉最终归还给了大山。

十、我国优秀的单板滑雪运动员

中国的单板滑雪运动于2003年正式立项，主要开展U型场地技巧项目。凭借在体操、武术等项目上的发展基础，中国单板滑雪项目选材得当，进步迅速。在2005年世界大学生冬季运动会上，潘蕾为中国队赢得首枚单板滑雪的国际比赛奖牌。中国队在该项目上还获得了两个2006年都灵冬奥会的参赛资格。2009年1月，在韩国举行的单板滑雪世锦赛上，中国队实现历史性突破，刘佳宇夺得女子U型场地技巧比赛冠军。另一位中国运动员蔡雪桐连续获得2015年和2017年单板滑雪世锦赛女子U型场地技巧比赛冠军。男运动员张义威在2015年单板滑雪世锦赛夺得U型场地技巧比赛亚军。2018年平昌冬奥会，刘佳宇夺得银牌，实现中国运动员在该项目冬奥会奖牌零的突破。

近年来，中国单板滑雪乘着北京冬奥会举办的东风，在其他小项上也有了一定的进步，甚至能冲击领奖台。2021年12月5日，单板滑雪世界杯系列赛美国斯蒂姆博特站男子大跳台决赛，18岁的小将苏翊鸣一鸣惊人，夺得该项目的冠军，创造历史。苏翊鸣四岁便开始练习滑雪，而他最早为人们所熟知是在2014年参演了电影《智取威虎山》，饰演“小栓子”一角。

十一、我国单板滑雪国家队的组建——“跨界跨项”

2017 年开始，国家体育总局社会体育管理中心、水上运动管理中心、冬季运动管理中心陆续开始“跨界跨项”招收单板滑雪运动员。不久，国家单板滑雪队成立，队员来自不同的运动项目，如帆船、摩托艇、跳水、皮划艇、武术、散打、滑雪等；来自不同年龄段，从初出茅庐的 7 岁的选手，到退役多年的老将；来自不同地区，既有来自南方城市的队员，也有来自冰雪运动强省如吉林省、黑龙江省的队员。在平行大回转项目中，我国聘请了外籍教练——国际顶尖滑雪运动员法国人马修，他曾获得 70 多项世界冠军；并由韩双启担任国家队总教练，他执教多年，带出多位全国冠军。

“跨界跨项”开展冰雪运动员选拔，是我国为迎接 2022 年北京冬奥会而实施的集训大策略。哈尔滨体育学院的两位学者付伟、刘鹏在相关研究中发现，虽然跳水、体操、蹦床和武术都属于技术主导类表现难度和美感的项目，在身体的柔韧性、力量、灵巧性等难度动作的技术评分规则相通，但武术运动员的受伤风险最低，其次是体操和蹦床运动员，跳水运动员的受伤风险最高。因此，初项目为武术的运动员更适宜改行从事技巧类冰雪项目。

十二、北京冬奥会单板滑雪观赛指南

北京冬奥会单板滑雪比赛场馆分布在北京和张家口两个赛区，其中大跳台比赛在北京赛区的首钢滑雪大跳台举行，其余小项在张家口赛区的云顶滑雪公园举行。

首钢滑雪大跳台将在北京冬奥会期间承办单板滑雪和自由式滑雪大跳台比赛。场地设计理念源自中国敦煌壁画中传统的飞天造型，从侧面看去又犹如一只灵动的水晶鞋。赛道结束区未来还可以举办演唱会、发布会等大型户外活动。

云顶滑雪公园将进行单板滑雪比赛的 U 型场地技巧、坡面障碍技巧、障碍追逐、平行大回转项目比拼。张家口山地媒体中心也位于该场馆群内，由云顶大酒店改建而成。云顶滑雪公园不仅是自由式滑雪及单板滑雪国家队的训练基地，还为大众冰雪运动提供了优质场地。

2022 年北京冬奥会单板滑雪比赛将产生 11 枚金牌，其中首钢滑雪大跳台将产生男子、女子大跳台各 1 枚金牌，云顶滑雪公园将产生其余 9 枚金牌。

北京冬奥会单板滑雪比赛的赛程见表 6 – 5。

表6－5　北京冬奥会单板滑雪比赛的赛程

<table>
<tr><th>日期</th><th>比赛
开始时间</th><th>项目</th><th>比赛场地</th><th>地址</th></tr>
<tr><td>2022－02－05</td><td>10:45</td><td>女子坡面障碍技巧资格赛</td><td rowspan="17">云顶滑雪公园</td><td rowspan="17">河北省张家口市崇礼区太子城梧桐大道</td></tr>
<tr><td rowspan="2">2022－02－06</td><td>09:30</td><td>女子坡面障碍技巧决赛</td></tr>
<tr><td>12:30</td><td>男子坡面障碍技巧资格赛</td></tr>
<tr><td>2022－02－07</td><td>12:00</td><td>男子坡面障碍技巧决赛</td></tr>
<tr><td rowspan="2">2022－02－08</td><td>10:40</td><td>女子/男子平行大回转资格赛</td></tr>
<tr><td>14:30</td><td>女子/男子平行大回转决赛</td></tr>
<tr><td rowspan="4">2022－02－09</td><td>09:30</td><td>女子U型场地技巧资格赛</td></tr>
<tr><td>12:30</td><td>男子U型场地技巧资格赛</td></tr>
<tr><td>11:00</td><td>女子障碍追逐资格赛</td></tr>
<tr><td>14:30</td><td>女子障碍追逐决赛</td></tr>
<tr><td rowspan="3">2022－02－10</td><td>09:30</td><td>女子U型场地技巧决赛</td></tr>
<tr><td>11:15</td><td>男子障碍追逐资格赛</td></tr>
<tr><td>14:00</td><td>男子障碍追逐决赛</td></tr>
<tr><td>2022－02－11</td><td>09:30</td><td>男子U型场地技巧决赛</td></tr>
<tr><td>2022－02－12</td><td>10:00</td><td>障碍追逐混合团体</td></tr>
</table>

续表6-5

日期	比赛开始时间	项目	比赛场地	地址
2022-02-14	09:30	女子大跳台资格赛	首钢滑雪大跳台	北京市石景山区群明湖西街首钢园
	13:30	男子大跳台资格赛		
2022-02-15	09:30	女子大跳台决赛		
	13:00	男子大跳台决赛		

参考文献

[1] 宿元，朱志强．单板滑雪运动文化的形成与流变[J] 体育文化导刊.2018（12）．

[2] 叶鸣．冬季奥运会体育欣赏［M］．上海：立信会计出版社．2018：194-200.

[3] 如果滑雪界有图腾，那么他的名字一定叫克雷格·凯利[EB/OL][2021-09-30].https://new. qq. com/omn/20210127/20210127V03V1D00. html.

[4] 冬奥会：单板滑雪的基础、原理、评分和晋级规则[EB/OL][2021-09-30].https://wjrsbu. smart-apps. cn/zhihu/article? id = 103293778&isShared = 1&_swebfr = 1&_swebFromHost = baiduboxapp.

[5] 陈思彤．跨界跨项单板滑雪国家队走进吉林丰满［N］．中国体育报，2019－08－02（01）．

[6] 付伟，刘鹏．单板滑雪U型场地“跨界跨项”运动员运动损伤调查［J］．哈尔滨体育学院学报，2021（5）．

[7] 北京冬奥组委．北京2022年冬奥会竞赛日程　第十一版［Z］．2021.

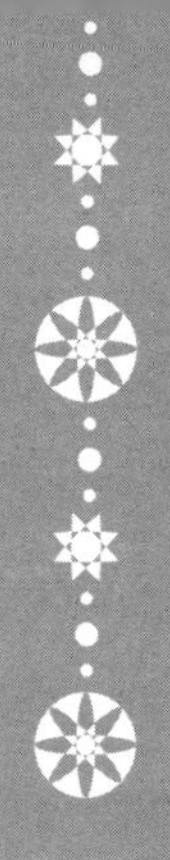

第七编 冬季两项

BIATHLON

比赛场面复杂，前面领先不代表可以笑到最后，说的就是冬季两项运动，它是快与慢、动与静的完美结合。

一、什么是冬季两项?

冬季两项由越野滑雪和步枪射击两种运动形式构成。运动员身背小口径步枪，以滑雪板、滑雪杖为工具在专门的线路上滑行一定距离，并在指定区域按顺序进行 2 轮或 4 轮不同姿势的射击。这是一个综合性竞赛项目，也是目前冬奥会中唯一要求运动员在比赛中迅速由动转静或由静转动的项目。

二、冬季两项的前世今生

俗话说，运动源自生活，现代许多体育运动项目都起源于原始社会或封建社会人们的日常生产与劳作活动，随着社会的逐步发展与人们生活水平的提高，进而演变成大众在生产工作之余锻炼身体、陶冶情操、愉悦身心的方式。

追溯冬季两项的历史起源，早在远古时代就有这项运动的影子。在斯堪的纳维亚半岛，也就是如今的挪威和瑞典地区，当时的人们为了在严寒中生存，经常需要通过滑雪和狩猎来获取食物。在挪威、瑞典和芬兰等北欧国家出土的大约4000多年前的石制雕刻品上，就能看到刻有两人足蹬雪板，手持棍棒在雪地里追捕动物的情景。谋生的需求迫使这一群北欧人在寒天冻地中练就了在雪地中快速穿行、准确攻击猎物的能力，也为冬季两项运动的诞生埋下了重要的伏笔。

冬季两项运动的“基因”随着人类社会与文化的发展也在不断地演化。在18世纪中期，驻守在挪威和瑞典边界的挪威滑雪巡逻队为了提高战士们的体能与技能，举行了第一次滑雪射击比赛，这也是目前世界上有记载的最早的冬季两项比赛。同一时期，类似的比赛也在瑞典、奥地利、德国、俄罗斯等国家举行，此时，滑雪技能在军事训练上的应用已经非常普遍。随后，冬季两项运动也在北欧地区的民间逐渐普及开来，越来越多的老百姓也参与到这项运动当中。

1861年，“特斯欧射击和滑雪俱乐部”（Trysil Rifle and Ski Club）在挪威成立，这也是世界上最早的滑雪射击俱乐部。在第一次世界大战爆发前的1912年，挪威军队在首都奥斯陆举行了名为“为了战争日”的滑雪射击比赛，随后滑雪射击比赛陆续在北欧其他地区开展。1924年，在法国夏蒙尼举行的第一届冬奥会上，冬季两项（当时其称谓还是“军事两项”）作为表演项目首次登台亮相，并且在后续的 1928 年、1936 年、1948 年的冬奥会也成为表演项目。从此以后，冬季两项运动在全世界范围内得到进一步的宣传和普及，不仅逐渐设立了专门的运动管理机构，项目本身的竞赛体系建设也日趋完善。

1948 年，国际现代五项联盟（UIPM）成立。1953 年，国际现代五项联盟正式将由越野滑雪和射击组成的运动视为一项正式的体育运动——冬季两项，并在联盟内部设立了冬季两项的分支机构，对其进行统一领导与管理。由此，“冬季两项”这个词汇也开始进入大众的视野，其源自希腊语，意思是“两项比赛”。而国际现代五项联盟也更名为国际现代五项和冬季两项联盟（UIPMB）。1954 年，在斯堪的纳维亚半岛各国的共同努力下，国际奥委会宣布将冬季两项列入冬季奥运会的正式比赛项目。1956 年，首部冬季两项比赛规则发布。1958 年，首届世界冬季两项锦标赛在奥地利举行，但仅开设了男子项目。1960 年斯阔谷冬奥会，男子 20 公里个人赛成为首个在冬奥会举行的冬季两项比赛项目。

1966 年，冬季两项接力赛在当年的世界锦标赛中诞生。1967 年，首届世界少年冬季两项锦标赛在德国举办，设有个人赛和接力赛两个项目。1974 年，短距离赛在世界冬季两项锦标赛中首次进行。1977 年世界冬季两项锦标赛，大口径步枪最后一次被采用为冬季两项射击比赛的枪械。1978 年在奥地利举行的世界冬季两项锦标赛首次采用了 0.22 英寸（约 5.6 毫米）的小口径步枪和全自动机械靶。1984 年，首届世界女子冬季两项锦标赛在法国举办。1992 年阿尔贝维尔冬奥会，首次进行了女子冬季两项的比赛。1993 年，国际冬季两项联盟（IBU）在英国伦敦正式成立，这也标志着冬季两项正朝着组织化、规模化、专业化的方向发展。

1996 年，国际冬季两项联盟首次在奥地利举行了夏季两项（Summer Biathlon）世界锦标赛。1997 年，追逐赛也成为冬季两项的正式项目。1998 年，国际冬季两项联盟正式从国际现代五项和冬季两项联盟中独立出来，同时也被国际奥委会承认为国际性的运动联盟；同年，集体出发赛正式成为冬季两项的一个比赛项目。2000 年，国际冬季两项联盟决定每年举办世界青年冬季两项锦标赛，以便更好地与世界少年冬季两项锦标赛衔接。2005 年起，男女混合接力赛成为冬季两项世界锦标赛比赛项目。在 2008 年瑞典厄斯特桑德冬季两项世界锦标赛进行期间，国际冬季两项联盟举行了世界冬季两项锦标赛创办 50 周年的纪念仪式。2013 年，国际冬季两项联盟举行联盟成立 20 周年庆典活动。

经过半个多世纪的发展，冬季两项已经在运营管理、赛事体系、竞赛项目等方面建立了具有国际影响力与广泛群众基础的组织架构。在国际冬季两项联盟的领导下，搭建了以世锦赛、冬奥会、世界杯系列赛为核心的国际赛事体系，同时兼顾了该项运动在青少年和女性群体中的发展；比赛项目也从最开始的只有个人赛，逐渐增加了短距离赛、接力赛、追逐赛、集体出发赛等项目。

在 2022 年北京冬奥会中，冬季两项设置了 11 个小项的比赛，男子项目包括 20 公里个人赛、10 公里短距离、12.5公里追逐赛、15 公里集体出发赛、4×7.5 公里接力赛，女子项目包括 15 公里个人赛、7.5 公里短距离赛、10 公里追逐赛、12.5 公里集体出发赛、4×6 公里接力赛，另外还有 4×6 公里混合接力。

三、走进冬季两项

在电影《智取威虎山》中，为了消灭作恶多端的“座山雕”匪帮，排长杨子荣带领着一众战士们，在零下十几度的户外，一米多厚的雪地上，脚踩“雪板”，身背长枪，在林海雪原上驰骋穿梭，遇见土匪便架枪射击，绝不手软。战士们每滑行一段距离，就会根据情况停下来，选好角度位置，瞄准土匪，提枪射击。滑雪、射击、滑雪、射击、滑雪……这一系列的动作和场景与一项拥有长久发展历史的雪上运动——冬季两项非常相似。

冬季两项正是一项把越野滑雪和射击这两种特点截然不同的竞赛项目结合在一起的运动。它要求运动员既要有由动转静的能力，又要有由静转动的能力；在上坡和下坡，滑雪与射击，快与慢、动与静之间转换自如，在保持平衡的同时还要与时间赛跑。

四、冬季两项在中国

冬季两项运动在欧洲有近百年的历史，而中国开展这项运动的时间较晚，但运动成绩提升较快，中国冬季两项运动员在亚洲乃至世界重要赛事都取得过佳绩。

如果追根溯源，其实中国很早就有冬季两项运动的雏形。据记载，我国新疆地区很早就出现了猎人脚穿滑雪板、利用弓箭和长矛从事狩猎的场景。20 世纪 40 年代末，东北剿匪部队利用滑雪板穿林海、跨雪原、消灭山匪的传奇故事早已家喻户晓，这也是中国历史上将滑雪运用于军事作战上最典型的案例之一。

由于受到苏联体育思想的影响，中国也是早期开展军事滑雪巡逻和军事两项（滑雪加射击）的国家之一。从 1959 年开始，中国北方地区就以解放军运动队为代表开展了此项运动的训练。1961 年，中国派出由解放军队、吉林通化队、呼伦贝尔盟队运动员组成的中国军事滑雪代表队，赴波兰参加“社会主义友军运动会”的滑雪巡逻和军事两项比赛，这也是中国第一次组队参加世界性的滑雪赛事。

同世界各国的交往，对推动我国冬季两项运动的发展起到了非常积极的作用。1977 年，解放军队首先开展冬季两项训练。1980 年，中国首次派队参加在美国普莱西德湖举办的冬奥会的冬季两项比赛，从中进一步了解了国际冬季两项运动的发展形势、竞赛规则和场地设施等情况。1980 年，首届冬季两项全国锦标赛在吉林省通化市滑雪场举行，但由于当时我国的冬季两项运动的基础较为薄弱，只有解放军、通化市、黑龙江省、浑江市（今白山市）等运动队参加了比赛。

1990 年札幌亚冬会，宋文武、王伟义分别夺得男子冬季两项 20 公里个人赛、10 公里短距离赛冠军，这也是中国冬季两项运动员首次获得洲际比赛的金牌。

1993 年，在波兰举行的世界大学生冬季运动会上，王锦芬获得女子冬季两项 7. 5 公里短距离赛冠军，这是中国冬季两项运动员首次在世界性比赛中获得金牌。

1998 年长野冬奥会，于淑梅获得女子冬季两项 10 公里短距离赛第 5 名。这是自 1980 年以来，中国冬季两项运动员在历届冬奥会上获得的最好成绩。

1999 年江原道亚冬会，于淑梅夺得女子冬季两项 7. 5

公里短距离赛、10 公里追逐赛冠军，张庆夺得男子冬季两项 10 公里短距离赛、20 公里个人赛冠军。

2000 年，刘显英在首届世界夏季两项锦标赛中获得滑轮射击 15 公里金牌。同年的世界冬季两项锦标赛，于淑梅夺得女子 15 公里个人赛亚军，这是世锦赛的领奖台上第一次出现中国人的身影。

2001 年，在冬季两项世界杯系列赛挪威站比赛中，于淑梅获得女子冬季两项 12.5 公里集体出发赛冠军，为中国夺得了第一个冬季两项世界冠军。

2003 年2 月，在日本青森亚冬会上，中国女子冬季两项队获得2 枚金牌。

2005 年，中国女子运动员孔颖超在冬季两项世界杯系列赛斯洛文尼亚站上连夺女子 7.5 公里短距离赛、女子 10 公里追逐赛两枚银牌。

2017 年在札幌亚冬会，张岩获得冬季两项女子7.5 公里短距离赛亚军，王文强获得冬季两项男子 15 公里集体出发赛亚军。

五、冬季两项：雪地上的战争

冬季两项，被喻为“雪地上的战争”，是一项由越野滑雪和步枪射击两种运动组成的运动项目。它要求运动员装备符合规定的滑雪板、滑雪杖和步枪在规定的路线与距离上滑行，并在指定的区域内按照顺序进行 2 轮或 4 轮射击，最终以运动员抵达终点的时间加上射击环节表现所对应的处罚时间所得的总时间作为最后的成绩，用时越短的运动员排名越靠前。

冬季两项是一场对运动员体力、耐力、心理和动静转换能力的综合考验。在寒冷的户外，运动员需要肩背沉重的步枪在野外滑雪 3～5 公里；在到达射击区时，运动员往往已是心脏剧烈跳动、双腿颤抖不已，手指也被冻得几乎僵硬。但此时，运动员没有太多休息的时间，他们需要立刻调整呼吸，端起小口径步枪，瞄准 50 米开外的 5 个靶盘，“砰，砰，砰，砰，砰”五声枪响后根据命中情况决定下一步的行动。每脱靶一次，运动员都要面临加罚，或者被要求在一旁的处罚区滑行一圈（长度为 150 米），或者在最终完成时间上加 1 分钟（个人赛）。

因此，在越野滑雪用时差距不大的情况下，射击的每一发子弹都是格外重要。要是稍有不慎，出现一次脱靶，前面付出的努力和建立的优势都将付诸东流。比赛规则的巧妙设置，使得每一发子弹、每一圈滑雪都充满了不确定性与戏剧性。

观众们一旦开始观看比赛，则必须追完全程。因为不到最后一刻，你永远都不敢确定谁会是最终的冠军。全力以赴、坚持不懈才能笑到最后，这不仅是冬季两项比赛的最大魅力之一，也是对体育运动精神的最好诠释。

六、冬季两项的项目与规则

1. **个人赛**（Individual）

（1）越野滑雪：男子 20 公里，女子 15 公里。运动员采用单人间隔出发，顺序相邻的两名选手出发时间间隔为 30 秒，在特殊情况下可延长或缩短出发间隔时间。

（2）射击：每人进行 4 轮射击，按照卧射、立射、卧射、立射的顺序进行，每轮射击共有 5 发子弹，射击 5 个靶盘。每脱靶 1 次就直接在该运动员比赛时间上加罚 1 分钟。

（3）决胜方式：按照运动员到达终点的用时（包括加罚时间）长短排列名次。

2. **短距离赛**（Sprint）

（1）越野滑雪：男子 10 公里，女子 7.5 公里，运动员采用单人间隔出发，顺序相邻的两名选手出发时间间隔为 30 秒，在特殊情况下可延长或缩短出发间隔时间。

（2）射击：每人进行 2 轮射击，按照卧射、立射顺序进行，每轮射击共有 5 发子弹，射击 5 个靶盘。每脱靶 1 次，该运动员必须到处罚区滑行 1 圈（150 米）才能继续比赛。

（3）决胜方式：按照运动员到达终点的用时（包括加罚滑行用时）长短排列名次。

3. **追逐赛**（Pursuit）

（1）越野滑雪：男子12.5公里，女子10公里。由短距离赛排在前60名的运动员参加比赛。在短距离赛取得第1名的运动员首先出发，其余运动员依照自己在短距离赛中与第1名的时间差距，依次出发。

（2）射击：每人进行4轮射击，按照2组卧射、2组立射顺序进行，每轮射击共有5发子弹，射击5个靶盘。每脱靶1次，该运动员必须到处罚区滑行1圈（150米）才能继续比赛。

（3）决胜方式：按照运动员到达终点的先后次序排列名次。

4. **集体出发赛**（Mass Start）

（1）越野滑雪：男子15公里，女子12.5公里。为了避免因参赛人数过多而发生事故，该项目只有个人赛、短距离赛和追逐赛综合成绩最优秀的30位顶尖运动员参加，所有人同时出发。

（2）射击：每人进行4轮射击，按照2组卧射、2组立射的顺序进行，每轮射击共有5发子弹，射击5个靶盘。每脱靶1次，该运动员必须到处罚区滑行1圈（150米）才能继续比赛。

（3）决胜方式：按照运动员到达终点的先后次序排列名次。

5. **接力赛**（Relay）

（1）越野滑雪：男子4×7.5公里，女子4×6公里。每队由4名运动员组成，每队第一棒运动员同时出发，完成自己的滑行和射击任务后，各自交由下一棒队友继续赛程。

（2）射击：每个棒次的运动员都要进行2轮射击，按照卧射、立射的顺序进行，每人每轮射击共有8发子弹（3发备用子弹只能逐发装填），射击5个靶盘。每脱靶1次，该运动员必须到处罚区滑行1圈（150米）才能继续比赛。

（3）决胜方式：按照第4棒运动员到达终点的先后次序排列名次。

6. **混合接力赛**（Mixed Relay）

（1）越野滑雪：4×6公里。每队由4名运动员（2男2女）组成，棒次的安排，既可以是先由男运动员完成前两棒，再由女运动员完成后两棒，也可以是先女后男，这由比赛的组织方做出规定。每队第一棒运动员同时出发，完成自己的滑行和射击任务后，各自交由下一棒队友继续赛程。

（2）射击：每个棒次的运动员都要进行2轮射击，分别按照卧射、立射的姿势和顺序进行，每人每轮射击共有8发子弹（3发备用子弹只能逐发装填），射击5个靶盘。每脱靶1次，该运动员必须到处罚区滑行1圈（150米）才能继续比赛。

（3）决胜方式：按照第4棒运动员到达终点的先后次序排列名次。

七、冬季两项的比赛条件

1. 比赛场地

冬季两项比赛场地包括设施区和雪道区两个部分。设施区由起/终点区、射击场、处罚区、接力交接区等组成。全段线路海拔不得高于1800米，由各种平地、上坡、下坡等自然起伏的地段组成，要避免设置过长、过陡的上坡和难度过大的下坡，以及过长的平地。线路上的雪面要经过机械或人工捣固、踏压，厚度至少为10厘米。雪道宽度为5米，并且要设置雪槽。起点、射击场和终点要设在平坦的场地上，并尽量设置在毗邻处。

射击场靶台平坦而且坚固，靶台前沿和与之平行的靶板线间的距离为50米，靶与相应的靶位偏差不超过标准靶位高的2%，也不高于标准靶台高的3%。靶的背景为白色，靶位和相对应靶的号码必须相同。在同一场比赛中，所有运动员必须使用相同的射靶系统。

在射击场附近，设有两条圆形或椭圆形的作为处罚用的雪道，周长150米，该线路能使所有靶位上的运动员都滑行相等的距离。在终点前的接力交接路最后一段，有能将运动员引导进入该处罚圈的线路，以备补罚之用。全线路设方向标志和里程碑。

2. 比赛器材

（1）小口径步枪：冬季两项采用口径为5.6毫米的小口径步枪，不包括弹药，重量不超过3.5千克。每支步枪都有4个弹匣，每个弹匣有5发子弹。在接力赛中，运动员可以在步枪上保留额外的子弹。运动员射击区与靶位的距离为50米，每轮射击都会有5个圆形靶作为射击目标。运动员卧射时的目标直径为45毫米，立射时目标直径为115毫米。冬季两项射击使用的是亚音速弹药，因此，运动员不需要佩戴耳塞，眼罩可自行选择佩戴。

（2）滑雪板：由前、中、后3部分组成，前部较宽、中部较窄、后部宽窄适中，侧面形成较大的弧线，便于转弯。滑雪板适宜长度为运动员身高减去5～15厘米。

（3）滑雪板固定器：由金属材料制成，分为3部分，前、后两部分用于固定滑雪鞋，并调整松紧度，中部有止滑器用于防止滑雪板在山坡上自行溜滑。当运动员摔倒或受到较大的冲击力时，滑雪鞋可与滑雪板自动分离，避免运动员腿部受到伤害。

(4) 滑雪鞋：滑雪鞋的鞋靿较高，分内、外两层。外层与鞋底用塑料或 ABS 材质等坚硬材料制成，具有较好的防水性和抗碰撞性；内层用化纤组织和松软材料制成，具有保暖、缓冲的作用。鞋面上镶有一个或多个夹子，用于调整鞋的肥瘦和前倾角度。

(5) 滑雪杖：滑雪杖用轻铝合金材料制成，上粗下细。滑雪杖上装有雪轮，既可在滑行时给运动员一个稳定的支点，又可防止滑雪杖过深地插入雪中。滑雪杖一般长 90～125 厘米。

3. 比赛装备

(1) 滑雪服：滑雪服质轻、保暖、防风雪且舒适合身。上装宽松，衣袖长度以运动员向上伸直手臂后略长于手腕部为宜；袖口有缩口并可调整松紧；领口为直立的高领开口，以防止冷空气进入；裤长以下蹲后裤脚达到脚踝部为宜。

(2) 滑雪手套：滑雪手套由天然皮革和合成材料制成，内层为保暖性较好的不透水面料，可防止运动员手被冻伤。

(3) 滑雪帽：滑雪帽分为针织滑雪帽和头盔，运动员可根据自身的条件进行选择。针织滑雪帽以弹性较好的绒线织成，长度以能遮到耳朵为宜；头盔紧贴运动员头部及耳朵部位，确保在运动员剧烈运动时不会松脱。

（4）滑雪镜：滑雪镜镜框材料轻、韧性好、抗摔、不易损坏；超宽的松紧带和加粗的防滑条设计，可防止滑雪镜从帽子上滑落；镜带可以调节长短，确保佩戴舒适。

（5）滑雪内衣：专业的滑雪内衣是由高分子化合物合成的化纤面料制成，具有良好的延展性和透气性。

（6）滑雪袜：滑雪袜是为了契合滑雪鞋而设计的，其长度及膝，用来避免因皮肤与雪鞋内靴直接接触摩擦而使运动员产生肿痛。

八、北欧两项和冬季两项的区别

北欧两项和冬季两项的区别在于，北欧两项是跳台滑雪 + 越野滑雪，而冬季两项是越野滑雪 + 射击，两者在冬奥会的历史上有着截然不同的“命运”。

北欧两项在 1924 年夏蒙尼第一届冬奥会上就被列为正式比赛项目，此后从未缺席。冬季两项的遭遇则相对较为“坎坷”，在首届冬奥会上被列为表演项目后，就有人提出，这项运动所含有的军事色彩与现代奥运会的和平理念不相符，因此在 1948 年之后，这个项目就短暂地离开了冬奥会。直到 1960 年斯阔谷冬奥会，冬季两项才被列为正式比赛项目。

再看这两个项目的比赛内容。北欧两项比的是跳台滑雪和越野滑雪，选手要先比完跳台滑雪后再比越野滑雪。冬季两项比的则是越野滑雪和射击，选手在比赛中不仅要进行越野滑雪比赛，还要在途中进行射击。

从比赛规则上来看，这两个项目都带有一些惩罚环节。北欧两项先进行的跳台滑雪比赛有点像预赛，排名、得分将决定运动员在越野滑雪比赛中的出发顺序和时间——跳台滑雪每落后 1 分，越野滑雪就要推迟若干时间出发。冬季两项选手如在射击时脱靶，将会被罚时间或者罚圈。

尽管设有射击比赛的冬季两项看起来更为阳刚，但北欧两项却被称作“男子汉的较量”，因为北欧两项从首届冬奥会以来一直都没有设女子比赛。

北欧两项与冬季两项都是由越野滑雪与其他项目结合而形成的雪上比赛项目。用最通俗的话来概括，北欧两项是“先跳后滑”，而冬季两项则是“边滑边射”。

九、冬季两项之王——比约达伦

1994 年，20 岁的挪威运动员奥莱·埃纳尔·比约达伦（Ole Einar Bjørndalen）第 1 次参加冬奥会冬季两项比赛，但成绩平平。但在此后的 20 多年里，他却取得了无比辉煌的成就，并且让自己的名字成为冬季两项这项运动的代名词。

在1998年日本长野冬奥会上，比约达伦获得男子10公里短距离赛金牌以及男子4×7.5公里接力赛银牌。在2002年美国盐湖城冬奥会上，比约达伦包揽了男子10公里短距离赛、12.5公里追逐赛、20公里个人赛和4×7.5公里接力赛4个项目的金牌。

盐湖城冬奥会之后，比约达伦的影响力一时间达到顶峰，其独特的训练方式被许多运动员所效仿。通常在赛前备战期间，为了尽快适应比赛环境，比约达伦都会远离家乡，独自一人进入到海拔1500米的深山里进行训练。他独创的射击方法也备受欢迎：此前在冬季两项的射击比赛中，运动员每次射击前都要进行2次呼吸调整，但比约达伦只进行1次呼吸调整，这个小小的改变能让射击5发子弹的时间缩短一半以上。连他在射击时用来遮挡光线的眼罩上画着1个圆睁的眼睛这样的微小习惯都成了风靡一时的潮流。

2014年索契冬奥会，40岁高龄的比约达伦以24分33秒5的成绩获得了冬季两项男子10公里短距离赛金牌，至此他追平了自己的同胞、越野滑雪传奇人物比约恩·戴利创造的冬奥12枚奖牌的纪录。几天后，在冬季两项男女混合接力赛中，比约达伦与队友通力合作，以领先第2

名32秒6的优势获得金牌，成为历史上最年长的冬奥会冠军。他连续参加了6届冬奥会，一共摘得8枚金牌、4枚银牌和1枚铜牌。此外，他还拿过20次冬季两项世锦赛冠军，是当之无愧的“冬季两项之王”。

2019年9月，比约达伦应邀来到中国执教，担任中国冬季两项国家集训队主教练。接受了这位名宿带来的全新的训练理念和模式后，中国冬季两项运动员的水平有了长足的进步。在世界杯系列赛捷克新城站男子10公里短距离赛中，中国选手程方明射击10发10中获得第16名，从而获得男子15公里集体出发赛参赛资格。这也是中国男子冬季两项运动员近15年来，首次获得世界重要比赛中的集体出发赛参赛资格。

十、北京冬奥会冬季两项观赛指南

国家冬季两项中心位于张家口市崇礼区太子城区与东北侧山谷，依次布置靶场、赛道与起终点区、场馆技术楼等，将承担北京冬奥会冬季两项的比赛。

2022年北京冬奥会冬季两项比赛将产生11枚金牌。

北京冬奥会冬季两项比赛的赛程见表7－1。

表7－1　北京冬奥会冬季两项比赛的赛程

<table>
<tr><th>日期</th><th>比赛
开始时间</th><th>项目</th><th>比赛
场地</th><th>地址</th></tr>
<tr><td>2022－02－05</td><td>17:00</td><td>4×6公里混合接力赛</td><td rowspan="11">国家冬季两项中心</td><td rowspan="11">河北省张家口市崇礼区太子城区域东北侧山谷</td></tr>
<tr><td>2022－02－07</td><td>17:00</td><td>女子15公里个人赛</td></tr>
<tr><td>2022－02－08</td><td>16:30</td><td>男子20公里个人赛</td></tr>
<tr><td>2022－02－11</td><td>17:00</td><td>女子7.5公里短距离赛</td></tr>
<tr><td>2022－02－12</td><td>17:00</td><td>男子10公里短距离赛</td></tr>
<tr><td rowspan="2">2022－02－13</td><td>17:00</td><td>女子10公里追逐赛</td></tr>
<tr><td>18:45</td><td>男子12.5公里追逐赛</td></tr>
<tr><td>2022－02－15</td><td>17:00</td><td>男子4×7.5公里接力赛</td></tr>
<tr><td>2022－02－16</td><td>15:45</td><td>女子4×6公里接力赛</td></tr>
<tr><td>2022－02－18</td><td>17:00</td><td>男子15公里集体出发赛</td></tr>
<tr><td>2022－02－19</td><td>17:00</td><td>女子12.5公里集体出发赛</td></tr>
</table>

参考文献

[1] 庄惟敏，张维，张红．国家冬季两项中心［J］．建筑学报，2021（Z1）：155－158.

[2] 张维，赵婧贤，龚佳振．国家冬季两项中心策划设计［J］．建筑技艺，2021（5）：28－33.

[3] 张定凤，韩淼宇，金坚，等．冬季两项［J］．青少年体育，2019（5）：15－18.

[4] 庄惟敏，张维，赵婧贤．国家冬季两项中心的速度与激情［J］．中国艺术，2019（1）：78－81.

[5] 王文刚．我国冬季两项运动的现状及其发展前景［J］．冰雪运动，2005（5）：20－23.

[6] 关惠明．冬季两项运动的起源、发展历程和在我国的发展趋势［J］．冰雪运动，2004（1）：25－27.

[7] 北京冬奥会组委会．冬季两项［EB/OL］．［2021－10－04］．https：//www. beijing2022. cn/cn/olympics/biathlon. htm.

[8] IBU. The History of Biathlon［EB/OL］．［2021－10－03］．https：//www. biathlonworld. com/about-biathlon/.

[9] 北京冬奥组委．北京2022年冬奥会竞赛日程　第十一版［Z］．2021.